Jo-Jo

Sprachbuch 2
Grundschule Bayern

Erarbeitet von

Isabelle Lux, Obergriesbach

Unter Beratung von

Enno Hörsgen, Langerringen

Dr. Klaus Metzger, Gersthofen

Dr. Helga Rolletschek, Brunnthal

Prof. Dr. Angelika Speck-Hamdan, München

Ihr Zugang zum E-Book auf www.scook.de:

4x98k-zk5wz

Ihr Lizenzcode

Der Code beinhaltet nach Erstaktivierung eine 5-jährige Lizenz zur Nutzung des E-Books auf scook. Für die Nutzung ist die Zustimmung zu den AGB auf scook.de erforderlich.

Inhalt

Sprache untersuchen

Schreiben

Ich – Du – Wir

ICH 1 Betrachte das Bild. Was kennst du aus deiner Klasse? Überlege.

DU ICH 2 Beantworte die Fragen.
Wechsle dich mit deinem Partnerkind ab.

> Nina passt auf, dass ihre Gruppe nicht zu laut redet.

Was macht die Lehrerin?	Wer stoppt die Zeit?

Wem hilft Lisa bei der Partnerarbeit?	Was steht an der Tafel?	Was ist Ninas Aufgabe bei der Gruppenarbeit?

WIR 3 Überlegt euch in eurer Gruppe eigene Fragen zum Bild.
Oder: Überlegt euch Fragen zu eurer Klasse.
Stellt die Fragen der ganzen Klasse.

Wir lernen und üben gemeinsam

ICH **1** Lisa löst eine Aufgabe. Was macht sie als Erstes, Zweites und Drittes?
Ordne zu: 1. betrachten, … 2. denken …, 3. …

denken   malen   schreiben   lesen   betrachten   verstehen

DU ICH **2** Paul und Lisa sind Partnerkinder. Lies den Text vor.
Wechsle dich mit deinem Partnerkind ab:

Ich erkläre, wie ich die Aufgabe gelöst habe.

Wir schreiben erst ein Ergebnis auf, wenn wir uns einig sind.

Ich höre meinem Partnerkind aufmerksam zu, wenn es redet.

Ich frage nach, wenn ich etwas nicht verstehe.

DU ICH **3** An welche Regel kannst du dich gut halten? Berichte deinem Partnerkind.

G **4** Wie besprechen die Kinder in der Gruppe ihr Ergebnis?
Lest reihum in eurer Gruppe vor:

Was ist dir aufgefallen?

Mir ist aufgefallen, dass …

Wie bist du vorgegangen?

So bin ich vorgegangen: Zuerst …, dann …

Warum habt ihr diese Lösung gewählt?

Wir haben diese Lösung gewählt, weil …

WIR **5** Warum ist es wichtig, dass sich alle an Regeln halten?
Redet in der Klasse darüber.

Nomen kennen lernen

DU ICH **1** Quartett spielen macht Spaß. Kennst du die Regeln?
Besprich die Regeln mit deinem Partnerkind.

Es passen immer vier
Karten zusammen.

Vor dem Mischen
müssen wir alle
Karten umdrehen.

DU ICH **2** Ordne die Wörter aus dem Quartettspiel in die Tabelle.
Was fällt euch auf? Besprich dich mit deinem Partnerkind.

Menschen	Tiere	Pflanzen	Dinge
Frau	…	…	…

> Wörter für Menschen, Tiere, Pflanzen und Dinge nennt man **Nomen**.
> Nomen werden immer **großgeschrieben**: **K**ind, **T**iger, **T**ulpe, **B**all.

DU ICH **3** Welches Nomen passt nicht in die Reihe? Erkennt ihr, warum?
Schreibt nur die passenden Nomen auf: Hase, Tiger, …

Hase	Tiger	Elefant	Hund	Heft
Lehrerin	Bub	Auto	Oma	Mann
Buch	Füller	Fisch	Pinsel	Lineal
Baum	Gras	Ball	Tulpe	Tanne

4 Schreibe selbst Nomen auf. Füge ein Nomen hinzu, das nicht passt.
Findet dein Partnerkind den Fehler?

Nomen großschreiben

1 Schreibe die Namen der Spielsachen richtig auf.
Markiere die großen Anfangsbuchstaben: Seil, ...

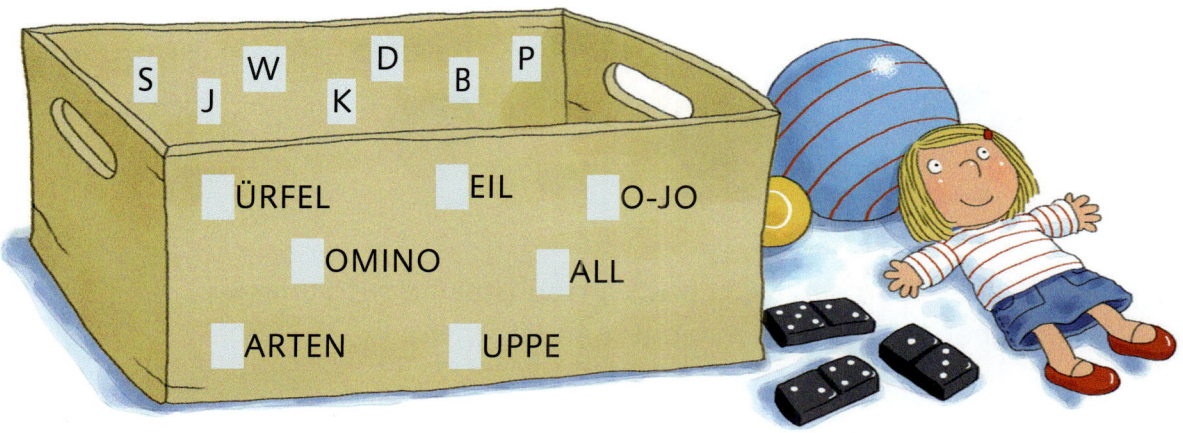

2 Schreibe den Text ab. Setze die fehlenden Wörter ein.
Unterstreiche alle Nomen: Carlo will ...

Carlo will mit Nina spielen.

Hanna sucht die . Sie ruft Paul.

Doch der spielt lieber mit dem  .

Marie holt sich das ⌒ .

DU ICH **3** Vergleicht eure Lösungen. Habt ihr alle Nomen großgeschrieben?

4 Finde zu jedem Schloss den richtigen Schlüssel. Schreibe die Nomen.
Markiere die großen Anfangsbuchstaben: Name, Dame, ...

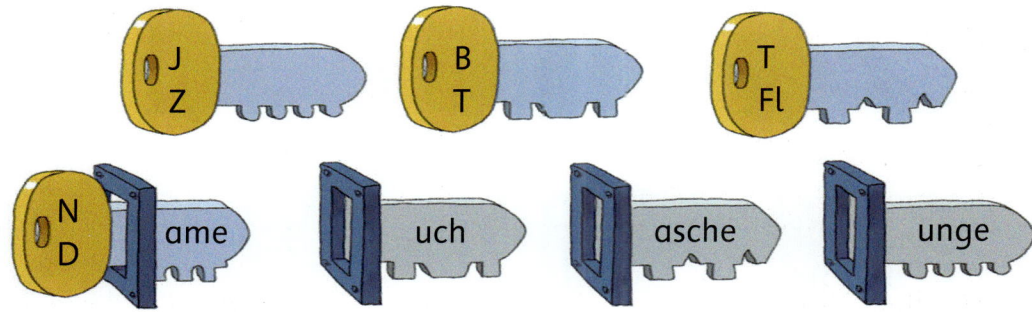

5 Finde selbst solche Wortpaare und schreibe sie auf.

Silben schwingen

1 Wie heißen die Kinder? Lies deutlich Sprechblase für Sprechblase.
Was fällt dir beim Sprechen auf?

> Sprich das Wort Silbe für Silbe. Zeichne zu jeder Silbe einen Bogen.

> Jedes Wort setzt sich aus Wortbausteinen zusammen.
> Einen Wortbaustein nennt man **Silbe**: **Blu**me, **lau**fen, …

2 Sprich und schwinge die Namen:
Nik**las** Tan**ja** Ste**fan** Ha**kan** Jo**nas**

3 Schreibe Namen auf. Zeichne Silbenbögen:
Niklas, Tanja, …

4 Bilde Wörter und schwinge. Zeichne Silbenbögen:
Reifen, …

Hier üben wir

1 Übe den Text: oder ⬜ oder 👥 oder 🏃.

Wir haben eine Aufgabe

Lisa malt mit dem Pinsel ein Bild.
Max rechnet mit Zahlen. Paul holt die Schere.
Nina schreibt mit Füller einen Satz.
Jonas und Marie lesen laut. Sie sind Partner.

🪀 Carlo lernt am Computer.
Er übt Wörter: Hai, Clown, Stern.

die Aufgabe
der Pinsel
das Bild
die Zahl
die Schere
der Füller
der Satz
der Computer
das Wort
der Hai
der Clown
der Stern
haben
schreiben
rechnen
malen
holen
lernen
üben

2 Sprich die Wörter laut und schwinge sie mit der Hand.
Schreibe die Wörter ab. Zeichne Silbenbögen: Pinsel, …

| Pinsel | Bild | Computer | Füller | Hai |

3 Finde zu jedem Nomen den passenden Anfangsbuchstaben:

insel ⬜lown ⬜lume ⬜ai ⬜ild ⬜ind

4 Welche Nomen sind Menschen, Tiere, Pflanzen oder Dinge?
Ordne die Nomen aus Aufgabe 3 zu:
Menschen: Clown, …

5 Was weißt du schon über Nomen und Silben?
Überlege. Schreibe in dein Lerntagebuch: 📖

> Die Merksätze
> auf Seite 6 und 8 helfen dir
> beim Schreiben in das
> Lerntagebuch.

Herbst

ICH **1** Was findest du im Herbst draußen?
Betrachte die Schatzkiste. Schreibe, was du siehst.
Oder: Bringe selbst ein Fundstück mit und beschreibe es.

DU ICH **2** Berichte deinem Partnerkind, was du über dein Fundstück weißt.

DU ICH **3** Wähle mit deinem Partnerkind ein gemeinsames Fundstück aus.
Malt euer Fundstück. Schreibt auf, was ihr zu eurem Fundstück wisst.
Oder: Schreibt eine Geschichte oder einen Text zur eurem Fundstück.

WIR **4** Präsentiert eure Fundstücke in der Klasse.

Einladungen

ICH 1 Schreibe eine Einladung. Verwende dafür die Textteile.
Ordne die Textteile sinnvoll an:
Liebe Eltern!
Wir laden ...

> Bitte bringt Teller und Löffel mit.

> Wir freuen uns auf Euch!

> Wir stellen unsere Schatzkisten aus.

> Es ist am 1. Oktober von 14 bis 16 Uhr.

> Wir laden Euch zu unserem Herbstfest ein.

> Liebe Eltern!

> Es gibt Kürbissuppe.

> Eure Klasse 2

DU ICH 2 Wie hast du die Textteile angeordnet? Sind alle wichtigen Angaben enthalten? Vergleiche mit deinem Partnerkind.

G 3 Wird in deiner Schule oder in deinem Wohnort eines dieser Feste gefeiert? Was weißt du über dieses Fest? Tauscht euch in eurer Gruppe darüber aus.

G 4 Sammelt eigene Vorschläge für ein Herbstfest.
Gestaltet gemeinsam eine Einladung zu eurem Herbstfest.

WIR 5 Präsentiert eure Einladung in der Klasse.

Artikel: der, die, das

1 Lies den Text. Setze **der**, **die** oder **das** ein.
Schreibe den Text ab. Markiere der, die und das: Endlich ist das …

Endlich ist ___ Essen fertig.

Anton und Tarek suchen ___ Löffel.

Da, ___ Teller von Lea ist heruntergefallen.

Hanna holt ___ Glas für Nina.

Frau Meier ruft: Vorsicht, ___ Suppe ist heiß!

2 Unterstreiche die Wörter, die nach **der**, **die** und **das** stehen.
Was fällt dir auf?

> Nomen haben Begleiter. Sie heißen Artikel.
> **Artikel der, die, das: der** Teller, **die** Suppe, **das** Glas.

3 Schreibe jedes Nomen mit dem Artikel auf: der Tisch, …

Tisch   Brot   Löffel   Gabel   Kürbis   Topf   Tasse   Messer

4 Spielt das Artikel-Spiel.

Ihr braucht:
- eine kleine, würfelförmige Schachtel
- Papier, Kleber und Stifte

So wird der Würfel gebastelt:
- Beklebt die Schachtel mit Papier.
- Schreibt die Artikel **der**, **die**, **das** zweimal auf die Würfelseiten.

So wird gespielt:
- Würfelt in der Gruppe reihum.
- Schreibt zu jedem gewürfelten Artikel ein passendes Nomen auf. Gewinner ist, wer zuerst fünf Nomen zu einem Artikel gefunden hat.

Artikel: ein, eine

ICH 1 Lies den Text. Setze für die Bilder Nomen ein.

Die Klasse 2a bastelt Laternen.

Auf Leons Laterne ist ein und eine ☀ .

Marie will ein malen.

Jonas klebt ein auf seine Laterne.

Hanna bastelt eine ✿ für ihre Laterne.

ICH 2 Schreibe die eingesetzten Nomen mit **ein** oder **eine** auf:
ein Mond, ...

DU ICH 3 Trage die Wörter aus den Blättern in die Tabelle ein.
Vergleiche dein Ergebnis mit deinem Partnerkind.
Ein Wort passt nicht dazu. Überlegt gemeinsam.

ein	eine
Baum	Kastanie
...	...

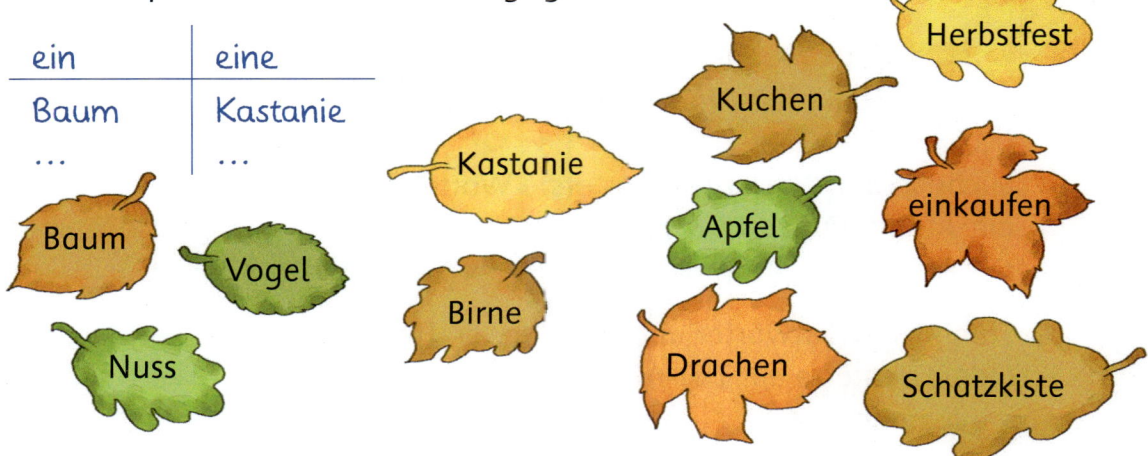

Kastanie
Kuchen
Herbstfest
Apfel
einkaufen
Baum
Vogel
Birne
Nuss
Drachen
Schatzkiste

> Nomen haben Begleiter. Sie heißen **Artikel**.
> **Artikel ein, eine**: **ein** Mond, **eine** Sonne.

DU ICH 4 Schreibe die Wörter aus den Blättern mit beiden Artikeln auf.
Vergleiche dein Ergebnis mit deinem Partnerkind:
eine Kastanie – die Kastanie, ...

Da läuft eine Katze!
Ist das die Katze
von Lisa?

WIR 5 Manchmal verwendet man **der**, **die**, **das**
manchmal **ein**, **eine**. Sprecht darüber.

Ordnen und nachschlagen

1 Was kommt zuerst? Ordne jedes Paar nach dem ABC:
Apfel – Birne, …

Birne – Apfel	Regen – Gewitter	Trauben – Marmelade
Eichel – Nuss	Fuchs – Igel	Wind – Regen

 Ergänze bei allen Nomen die Artikel ein, eine: eine Birne, …

2 Ordne die Wörter in den Drachen nach dem ABC: Eichel, …

Zugvögel
Eichel
September

Laterne
Wind
Drachen

 Ergänze bei allen Nomen die Artikel der, die, das: die Eichel, …

3 Suche in der Wörterliste das erste Wort
mit A, E, I, O und U. Schreibe die Nomen
mit Artikel ab: die Ameise, …

4 Sammle Herbstwörter und gestalte ein Herbst-ABC.
Oder: Gestalte ein Tier-ABC,
ein Namen-ABC …

Mein Herbst-ABC
Apfel
Birne
Champignon
Drachen

WIR **5** Wann braucht ihr noch das ABC?
Sprecht in der Klasse darüber.

 A
 B
 C
 D
 E
 F
 G
 H
 I
 J
 K
 L
 M
 N
 O
 P
 Qu
 R
 S
 T
 U
 V
W
X
Y
Z

Hier üben wir

1 Übe den Text: 🖊 oder 🗑 oder 👫 oder 🏃.

Liebe Klasse 2b!

Am Montag ist Wandertag. In einem
Wald wollen wir Dinge für die Kiste finden.
Die Kinder suchen auf dem Weg
eine Feder, einen Stein und eine Nuss.
Bei Nebel bleiben wir in der Schule.

Bitte denkt an eine Tasche.
Ihr müsst eine warme Hose tragen.

die Klasse
die Kiste
das Kind
der Partner
der Weg
die Feder
der Stein
die Tasche
die Hose
der Nebel
wollen
finden
suchen
bleiben
denken
müssen

2 Schreibe die Reimwörter mit ihren Artikeln auf:
die Kiste – die Liste, …

die Kiste	das Kind	die Tasche	der Weg
die L___	der W___	die Fl___	der St___

3 Finde die Nomen. Ordne sie nach dem ABC:
Blatt, Einladung, …

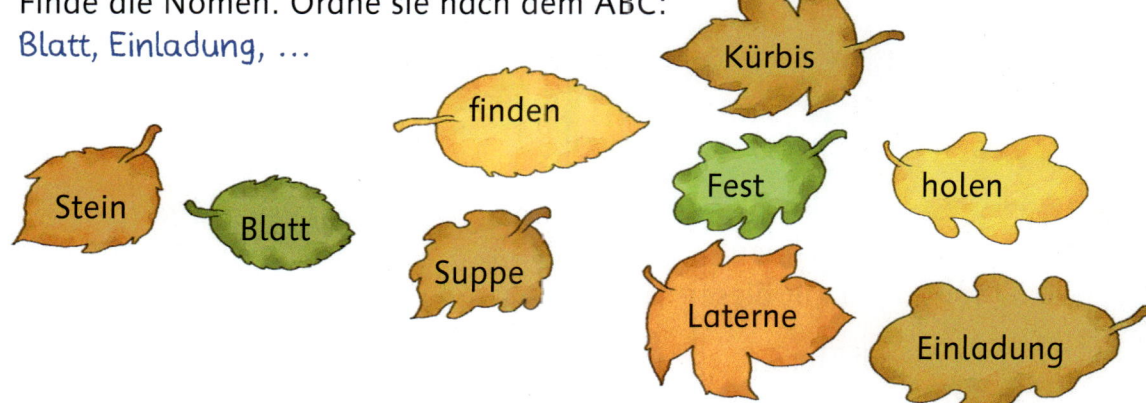

Kürbis • finden • Stein • Blatt • Fest • holen • Suppe • Laterne • Einladung

4 Schreibe alle Nomen mit ein/eine und der/die/das auf:
ein Stein – der Stein, eine …

5 Was sind Artikel? Wie überprüfst du, ob du ein Wort richtig geschrieben
hast? Schreibe in dein Lerntagebuch: 📖

Natur entdecken: Tiere

1 Berichte von deinen
Erfahrungen mit diesen Tieren.

Ich wünsche mir eine Katze, weil ich mit ihr kuscheln möchte.

Ich möchte kein Tier, weil …

2 Hast du ein Tier?
Wünschst du dir eines? Erzähle.

3 Male ein Bild von deinem Lieblingstier oder bringe Fotos mit.
Klebe sie auf ein Plakat und schreibe den Tiernamen dazu.

4 Schreibe auf, was du zu deinem Lieblingstier weißt
und warum es dein Lieblingstier ist. Lies deinen Text vor.

Informationen sammeln

ICH 1 Sinas Lieblingstier ist ihr neuer Hund. Lies ihre Fragen.

> 1. Wie oft muss man mit dem Hund spazieren gehen?

> 2. Wann braucht ein Hund seine Ruhe?

> 3. Was muss man tun, damit er gehorcht?

> 4. Muss ein Hund dreimal am Tag gefüttert werden?

DU ICH 2 Beantworte Sinas Fragen mithilfe des Buchs. Vergleiche dein Ergebnis mit deinem Partnerkind: 1. Man muss …

Was ein Hund braucht

Auslauf: Hunde sind Lauftiere und müssen sich austoben können. Darum sollte man zweimal am Tag mit ihnen spazieren gehen.

Verhalten: Ein Hund gehorcht, wenn man oft mit ihm übt. Dabei will er viel gelobt werden.

Pflege: Ein Hund muss regelmäßig gebürstet werden, damit sein Fell nicht verfilzt.

Fressen: Ein Hund muss einmal am Tag gefüttert werden. Beim Fressen braucht er Ruhe.

Tierarzt: Jeder Hund muss einmal im Jahr zum Tierarzt.

G 3 Bildet Gruppen nach Lieblingstieren.
Schreibt Fragen zu eurem Tier auf Kärtchen.

G 4 Sammelt Informationen zu eurem Tier. Findet Antworten auf eure Fragen. Sachbücher, Schulbücher oder das Internet helfen euch dabei.

WIR 5 Gestaltet ein Plakat zu eurem Tier. Tauscht eure Fragen mit einer anderen Gruppe aus. Beantwortet die Fragen zu ihrem Tier mithilfe ihres Plakats.

Schreiben S. 152

Verben kennen lernen

1 Was machen Katzen gern? Lege eine Tabelle an.
Trage nur in die erste Spalte ein:

Katzen
sie spielen
sie …

fauchen   springen   jagen

schlafen   miauen   spielen   fressen

2 Lola ist Hannas Katze. Was macht Lola gern?
Ergänze in deiner Tabelle die zweite Spalte:

Katzen	Lola
sie spielen	sie spielt
sie …	sie …

DU ICH **3** Vergleiche die Tabelle mit deinem Partnerkind. Was fällt euch auf?

> **Verben** sagen, was Menschen, Tiere, Pflanzen und Dinge tun.
> Im Wörterbuch stehen sie in der Grundform: spielen, rennen, fressen,
> fliegen. Sie verändern sich, wenn man **ich**, **du**, **er/sie/es**, **ihr**, **wir**, **sie**
> davor setzt: **ich** spiel**e**, **du** spiel**st**, **er** spiel**t**, …

4 Lies, was Max über den dem Bauernhof berichtet.
Setze das passende Verb ein.

stehen   fressen   füttern

leben   haben

Ich ▢ auf dem Bauernhof. Wir ▢ ein Pferd
und eine Katze. Im Stall ▢ die Kühe.
Ich ▢ gerne das Schwein.
Der Hase ▢ am liebsten Karotten.

Vokale ⌣

1 Schreibe die Wörter in dein Heft.
Zeichne Silbenbögen. Markiere die a, e, i, o, u: Kamel, …

| Kamel | Wolf | Ente | Wurm | Schaf | Nashorn | Kaninchen |
| Pinguin | Rabe | Esel | Lama | Kaninchen | Hirsch | Pferd |

2 Sortiere die Wörter aus Aufgabe 1 nach der Anzahl der Silben.
In welcher Silbe steckt ein Vokal? Markiere die Vokale. Was fällt dir auf?

eine Silbe	zwei Silben	drei Silben
Wolf	Kamel	…

> **a, e, i, o, u** sind Laute, die von allein klingen. Sie heißen **Vokale**.
> In jeder Silbe steckt ein Vokal: Wolf, Kamel, Krokodil.

3 Bilde Tiernamen. Zeichne Silbenbögen: Regenwurm, …

4 Markiere in jedem Tiernamen in der ersten Silbe den Vokal.
Was fällt dir auf? Besprich dich mit deinem Partnerkind.

Vokale und Konsonanten

1 Ergänze die Lücken. Markiere nur die Buchstaben,
die keine Vokale sind: Vogel, …

V g l

H nd

H s

F sch

Z br

> a, e, i, o, u sind Vokale. Alle anderen Laute im ABC
> nennt man **Konsonanten**. Sie klingen nicht allein: Vogel, Hund.

2 Welche Tiernamen beginnen mit einem Vokal?
Welche mit einem Konsonant? Ordne zu:

Vokal	Konsonant
Esel	Maus
…	…

Esel   Maus   Affe   Katze   Reh

Igel   Uhu   Tiger   Elefant   Wal

DU ICH **3** Schwinge die Silben. Sprich deutlich. Höre genau auf die Vokale.
Was fällt dir auf? Besprich dich mit deinem Partnerkind.

Hamster – Hase   Esel – Ente

Hund – Huhn   Wolf – Vogel

Rabe – Katze   Fisch – Tiger

> Hörst du
> ein kurzes a wie
> in Hamster?

> Oder ein
> langes a wie
> in Hase?

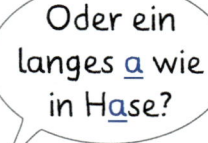

4 Schreibe die Wörter aus Aufgabe 3 ab.
Wie klingen die Vokale in der ersten Silbe?
Markiere einen kurzen Vokal mit einem Punkt
und einen langen Vokal mit einem Strich:
Hamster – Hase, …

WIR **5** Wann habt ihr einen kurzen
Vokal gehört und wann
einen langen Vokal?

> Offene Silben
> enden mit einem Vokal,
> geschlossene Silben enden mit
> einem Konsonanten.

Hier üben wir

1 Übe den Text: oder oder oder .

Nur der Fisch sagt nichts

Tiere reden nicht. Aber man kann sie hören.
Der Vogel singt und Bienen summen.
Der Hund bellt und die Katze miaut.
Esel schreien und Ziegen meckern.
Es heult der Wolf und es piept die Maus.

Enten und Frösche quaken. Der Löwe brüllt.
Der Rabe kräht und Schafe mähen.

der Vogel
die Biene
der Hund
die Katze
der Esel
der Wolf
die Ziege
die Maus
die Ente
der Löwe
der Rabe
das Schaf
sagen
reden
hören

2 Finde alle Nomen im Text. Schreibe auf.
Schwinge Silben und zeichne Silbenbögen.
Markiere die Vokale: der Fisch, …

3 Finde alle Verben im Text. Trage sie in eine Tabelle ein.
Ergänze die Grundform oder die er-Form.

Grundform	er/sie/es
sagen	sagt

4 Verwandle die Wörter. Markiere den Konsonanten,
den du verwandelt hast: Maus – Haus, …

Maus	Mund	sehen	Katze	laufen
H	H	g	T	k

5 Schreibe den Text mit den passenden Vokalen:

✿m H✛f s✿tzt ◆✿n◆ K✿tz◆. D◆r H◉nd w◆ll s✿◆ f✿ng◆n.

◆r b◆llt ◉nd d✿◆ K✿tz◆ r◆nnt schn◆ll d✿v✛n.

a = ✿
e = ◆
i = ✿
o = ✛
u = ◉

6 Was ist der Unterschied zwischen Vokalen und Konsonanten?
Wie erkennst du Verben? Schreibe in dein Lerntagebuch: L

1. Jo-Jo-Test

Ordnen und nachschlagen

1 Schreibe die Wörter nach dem ABC geordnet auf.

Oma	Tisch	Mädchen	wollen	Gabel
April	Bett	Bub	fangen	fangen
Uhr	Lineal	Tafel	sitzen	Cent
Esel	Regal	Heft	laufen	trinken

Vokale und Konsonanten

2 Schreibe alle Wörter auf, die mit Konsonanten beginnen.

Hund   Katze   Esel   Ball

Nebel   Hase   Ast   Baum   Fest

3 Setze die fehlenden Vokale ein.

S ppe   B ll   K nd   D se   Pf rd

Silben

4 Sprich die Wörter laut. Schwinge sie mit der Hand.
Schreibe sie auf. Zeichne Silbenbögen:

Schule   Bild   Laterne   Buch   Regen   Domino

5 Setze die Wörter richtig zusammen.
Zeichne Silbenbögen:

En	Ti	Ze	Ha	Vo	Ra
ger	gel	se	be	te	bra

Nomen erkennen

6 Welche Wörter sind Nomen?
Schreibe sie mit dem Artikel **der**, **die** oder **das** auf.

| Kiste | Karten | Herbst | decken | heiß |
| lernen | Name | gut | Bleistift | Kastanie |

Verben zuordnen

7 Ordne jedem Bild ein passendes Verb zu: 1. …, 2. …

| schlafen | schaukeln | essen | schwimmen | weinen |

1.
2.
3.
4.
5.

8 Finde die passenden Verbformen: ich male, du …

ich	malen
du	male
er	malen
wir	malt
ihr	malst
Hanna und Max	malt

Winter

1 Was magst du an der Winterzeit? Erzähle zu den Bildern.

2 Für viele Menschen ist der Winter eine ganz besondere Zeit.
Schreibe und male, was dir am Winter am besten gefällt.

3 Im Winter werden verschiedene Bräuche und Feste gefeiert.
Welche Bräuche gibt es in deiner Gegend?
Feiert deine Familie ein besonderes Fest gefeiert?
Berichte.

Mevlid

Luciafest

Hannuka

Roschdestow Christow

Weihnachten

Gedichte schreiben

1 Warum nennt man diese Gedichte Elfchen?
Erkläre es mit dem Bauplan in der Wolke.

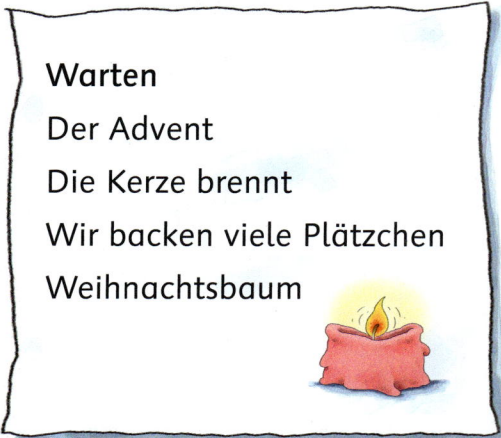

Warten

Der Advent

Die Kerze brennt

Wir backen viele Plätzchen

Weihnachtsbaum

Kälte

Der Schnee

Es hat geschneit

Ich baue einen Schneemann

Schneeflocken

2 Lerne ein Elfchen auswendig und trage es vor.
Achte auf eine gute Betonung.

3 Schreibe das Elfchen zu Ende.

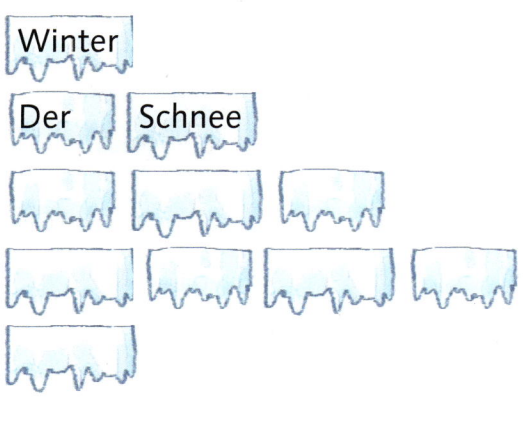

Winter

Der Schnee

Nenne einen Gegenstand, eine
Farbe, eine Tätigkeit, ein Gefühl …
Wer/was ist es?

Was passiert?

Was mache ich?

Welches Schlusswort?

kalt   Schneeflocke   Ski   schneien   Handschuh   mögen

Winter   laufen   Eis   frieren   fahren   schlitten   Berg

4 Schreibe und gestalte ein eigenes Elfchen.

Sätze kennen lernen

ICH 1 Lies den Text.
Mache nach jedem Satz eine Pause.

Im Flur steht ein Weihnachtsbaum.

Paul holt einen großen Stern.

Der Chor probt im Musiksaal.

Max und Jonas bauen eine Krippe.

Lea bringt ihre Puppe mit.

Carlo schaltet die Lichterkette an.

Die Flötengruppe übt fleißig.

ICH 2 Welche Sätze passen zu den Bildern? Schreibe sie auf.
Markiere den Satzanfang und das Satzende:
1. Max und Jonas bauen eine Krippe.

> Am **Satzanfang** schreibt man **groß**.
> Nach **Aussagesätzen** steht ein **Punkt**:
> **P**aul holt einen großen Stern**.**

3 Lies den Text. Was fällt dir auf?
Besprich dich mit deinem Partnerkind.

die Kinder proben für das Krippenspiel

Max und Jonas bringen die Krippe

sie fällt um die Puppe von Lea

geht kaputt Lea weint Nina tröstet sie

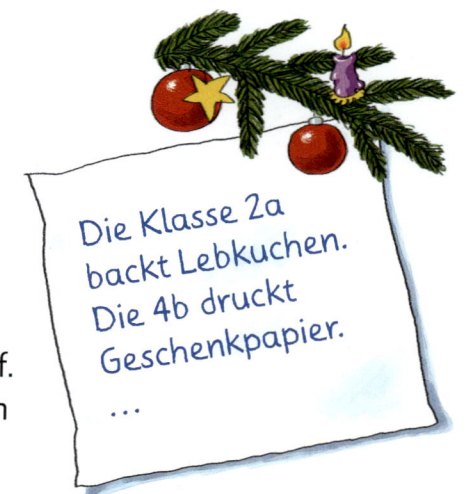

Die Klasse 2a backt Lebkuchen.
Die 4b druckt Geschenkpapier.
…

4 Schreibe den Text aus Aufgabe 3 richtig auf.
Schreibe jeden Satzanfang groß. Setze nach
jedem Satz einen Punkt:
Die Kinder proben …

5 Schreibe auf, was an deiner Schule vor den
Weihnachtsferien vorbereitet oder veranstaltet wird.

Fragesätze und Aussagesätze

ICH **1** Bilde mit den Wörtern Aussagesätze.
Achte auf die Großschreibung am Satzanfang.
Setze einen Punkt am Satzende:
Die Klasse 2b spielt ein Krippenspiel.

spielt • die • Krippenspiel • Klasse 2b • ein

trägt • Tom • Hundekostüm • ein

Carlo und Lotta • verkleidet • sind • als Hirten

Max, Lea und Paul • Schafe • spielen • die

Stern • der • hängt • Zimmerdecke • an • gelber • ein

DU ICH **2** Habt ihr an die Großschreibung und den Punkt gedacht?
Vergleiche deine Sätze mit deinem Partnerkind.

DU ICH **3** Lest die Sätze vor. Was ist bei diesen Sätzen anders
als bei Aussagesätzen? Besprich dich mit deinem Partnerkind.

Trägt Tom ein Hundekostüm?　　　Spielt Lea ein Schaf?

Sind Carlo und Lotta verkleidet?

> Nach **Fragesätzen** steht ein **Fragezeichen**: Spielt Lea ein Schaf**?**

DU ICH **4** Schreibt die Fragesätze ab. Beantwortet sie gemeinsam.
Wo setzt ihr einen Punkt? Wann endet der Satz mit einem Fragezeichen?

G **5** Findet in der Gruppe weitere Fragesätze zum Text.
Tauscht die Fragen mit einer anderen Gruppe aus und beantwortet sie.

Wer ...?　　Spielt ...?　　Sind ...?　　Wo hängt ...?

Wörter mit ie

1 Lies den Text.
Sprich die Wörter mit ie deutlich.

> Anna und Jonas lieben Plätzchen.
>
> Sie holen ein riesiges Blech. Wo ist das Sieb?
>
> Jonas liest das Rezept: Wir brauchen sieben Eier.
>
> Schließlich liegen alle Plätzchen auf dem Blech.
>
> Die Mutter schiebt das Blech in den Ofen.

2 Schreibe die Wörter mit langem i. Zeichne Silbenbögen. Markiere ie.
Wo in der Silbe steht das ie? lieben, …

> Hörst du am Ende einer Silbe ein **langes i**,
> schreibst du meistens **ie**: wieder, Biene, spielen.

3 Steht in der Lücke **ie** oder **i**? Markiere ie. In welcher Silbe befindet sich ie?
Ziele, …

sp☐len   B☐lder   Z☐ge   s☐ben   P☐nsel   B☐ne   K☐nder   W☐se

4 Setze die Wörter zusammen. Zeichne Silbenbögen.
Markiere ie: kriegen …

krie   spie   ben
wie   bie   flie   len
lie   sie   gen

5 Suche in einem Wörterbuch weitere Wörter mit ie.

Hier üben wir

1 Übe den Text: 🖊 oder 📋 oder 👥 oder 🏃.

Im Winter

Jonas und Hanna lieben den Winter.
Sie wünschen sich viel Schnee und Eis.
Sie wollen mit dem neuen Schlitten fahren.
Am Dienstag sieht Jonas um sieben Uhr
aus dem Fenster. Auf der Wiese liegt Schnee.

Sie ziehen dicke Kleider an. So frieren
sie nicht. Sie spielen vor dem Haus.

der Winter
das Eis
die Uhr
das Fenster
die Wiese
das Kleid
das Haus
lieben
wünschen
fahren
sieben
liegen
spielen
viel
neu
dick

2 Langes oder kurzes i? Sprich die Wörter deutlich.
Schreibe sie mit ie oder mit i auf: der Dieb, ...

D   b   Zw   bel   T   ger   W   se   B   ne   B   ne

3 Bilde aus den Wörtern vollständige Sätze: Ich spiele am Dienstag Klavier.

spiele • am Dienstag • Klavier • ich

liegt • das Baby • in der Wiege • zufrieden

frieren • die Tiere • nicht • im Winter

heute • die Vier • Lukas • im Adventskalender • öffnet

im Schnee • Hanna • einen Spaziergang • liebt

4 Was hast du über Sätze gelernt? Schreibe in dein Lerntagebuch: 📖

Zeiten und Räume

In der Jahreszeit, in der ich Geburtstag habe, ist es draußen …

ICH **1** Der Jahreskreis gibt über vieles Auskunft.
Was kannst du entdecken?

DU ICH **2** Beschreibe die Jahreszeit, in der du Geburtstag hast.
Kann dein Partnerkind die Jahreszeit erraten?

WIR **3** Findet ihr die Antworten auf diese Fragen zum Jahreslauf?
Sachbücher und das Internet helfen euch.

| Warum gibt es Tag und Nacht? | Warum ist der Winter die dunkle Jahreszeit? | Warum ist es im Sommer am wärmsten? |

Geschichten vorbereiten

1 Jeder Monat hat etwas Besonderes. Betrachte die Bilder und erzähle.

März   Juli   September

2 Erzähle und begründe, welcher Monat für dich besonders ist.

G 3 Julia hat für ihre Januar-Geschichte Wörter gesammelt. Bildet Gruppen nach Monaten. Sammelt Wörter für eine Monatsgeschichte.

Der Mai ist für mich ein besonderer Monat, weil …

Eis Winter Schnee
frieren **JANUAR** Schneemann bauen
Schlitten fahren weiß kalt

4 Schreibe und male deine Monatsgeschichte.
Oder: Schreibe eine Januar-Geschichte.
Julias Wörter können dir helfen.

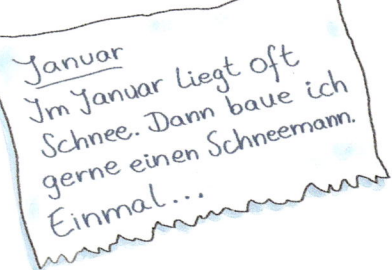

Januar
Im Januar liegt oft Schnee. Dann baue ich gerne einen Schneemann. Einmal…

5 Gestaltet ein Buch mit euren Monatsgeschichten.
Könnt ihr sie mit dem Computer aufschreiben?

Mein Drachen ist rot und hat einen bunten Schwanz.

Einmal war besonders schöner Wind.

Adjektive kennen lernen

1 Zeit für den Frühjahrsputz! Emil und Lina sollen aufräumen.
Auf dem Boden liegen viele Dinge. Beschreibe sie.

2 Helfe Emil und Lina beim Ordnen. Schreibe auf: rot: Schal, ..., lang: Seil, ...

> Wörter, die sagen, wie etwas ist,
> nennt man **Adjektive**: klein, rot, schön.

3 Finde die Gegensätze. Schreibe die vollständigen Sätze auf:
Im Sommer ist es warm. Im Winter ist es ...

kalt   alt   bunt   laut   dunkel

Im Sommer ist es warm. Im Winter ist es ⬚ .

Am Morgen ist es hell. Am Abend wird es ⬚ .

Im Frühling sind die Bäume grün. Im Herbst sind sie ⬚ .

Im Januar ist das Jahr neu. Im Dezember ist das Jahr ⬚ .

In der Nacht ist es leise. Am Tag ist es ⬚ .

4 Schreibe die Gegensatzpaare aus Aufgabe 3 ab.
Oder: Finde weitere Gegensatzpaare. Schreibe Sätze
mit deinen Gegensatzpaaren.

Adjektive verwenden

Melchior Caspar Balthasar

ICH 1 Beschreibe die Sternsinger.
Setze passende Adjektive ein:
Dieser Sternsinger ist <u>klein</u>.

Dieser Sternsinger ist ☐ . Er trägt
einen ☐ Turban und eine ☐ Hose.
Seine Schuhe sind sehr ☐ .

Er ist der Sternsinger mit
dem ☐ Stern. Er trägt
eine ☐ Krone. Neben
ihm steht eine ☐ Kiste.

Das Kleid des Sternsingers ist ☐ . Er ist ☐
als die anderen. Sein Umhang ist sehr ☐ .

gelb   grün   lang   groß   rot

klein   spitz   blau   weit   braun

DU ICH 2 Vergleiche dein Ergebnis mit deinem Partnerkind.
Zu welchem Sternsinger passt welcher Text? Ordnet zu.

DU ICH 3 Wähle einen Sternsinger und beschreibe ihn.
Die Adjektive helfen dir dabei.
Kann dein Partnerkind erraten, wen du beschrieben hast?

dünn   dick   dunkel   hell   kurz   ...

G 4 Bildet Gruppen nach eurem Sternsinger.
Habt ihr euch schon einmal als Sternsinger verkleidet
oder davon gehört? Berichtet eurer Gruppe.

WIR 5 Die Sternsinger kommen am 6. Januar.
Findet mehr über sie heraus.
Oder: Feierst du an diesem Tag ein anderes Fest? Berichte.

Wörter mit au, eu, ei und ai

1 Sprich Pauls Geburtstagswünsche deutlich.

> Reitunterricht

> Zauberkasten

> Haifischbuch

> Feuerwehrauto

> Ich höre ai und schreibe ei wie in Ei, klein oder ai wie in Mai, Hai.

> Ich höre oi und schreibe eu wie in Euro, neu.

DU ICH **2** Schreibe Pauls Geburtstagswünsche auf.
Markiere **au**, **eu** oder **ei** und **ai**. Was fällt dir auf?
Besprich dich mit deinem Partnerkind.
Reitunterricht, …

> Man nennt **au**, **eu**, **ei**, **ai** Zwielaute, weil sie aus **zwei** Lauten bestehen.
> Sie dürfen nicht getrennt werden: der B**au**m, fr**eu**en, die S**ei**fe, der H**ai**.

3 Schreibe die Sätze. Markiere die Zwielaute:
Paul hat im Mai Geburtstag. …

> Paul hat im Mai Geburtstag. Zu dieser Zeit ist es warm draußen.
> Dann feiert er mit vielen Leuten im Freien und es gibt
> sein Lieblingsessen: Nudelauflauf, Kaiserschmarren und Eis.
> Er freut sich schon darauf. Er wünscht sich ein neues Buch
> über Haifische oder eine Leiter für sein Baumhaus.

4 Setze Pauls Geschenke zusammen.
Zeichne Silbenbögen.
Markiere die Zwielaute: Haifischbuch, …

> Wörter mit ai muss ich mir gut merken: der Hai, der Kaiser, der Mai.

Haifisch- Seifen- 20-Euro- buch blasen hut

Zauber- Feuerwehr- Schein auto

5 Suche in einem Wörterbuch weitere Wörter mit ai.

Hier üben wir

1 Übe den Text: 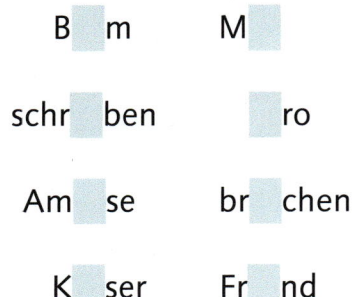 oder oder oder .

Monatsgeschichte Mai

Jedes Jahr freuen wir uns auf den Mai.
Es ist eine schöne Zeit. Der kalte Winter ist zu Ende.
Frisches Gras und bunte Blumen blühen. Am Tag
scheint die gelbe Sonne am blauen Himmel.
Die Leute verlassen ihre engen Wohnungen.

Die Musik spielt laut. Eine Woche lang
tanzen wir froh um den großen Maibaum.

2 In der Wörterliste neben dem Text fehlen die Adjektive.
Suche alle Adjektive im Text und unterstreiche sie.

3 Ergänze die Wörterliste. Schreibe die Adjektive
aus dem Text in ihrer Grundform auf:
schön, kalt, …

4 Ergänze den passenden Zwielaut: Baum, …

B m   M

schr ben   ro

Am se   br chen

K ser   Fr nd

5 Wann verwendet man Adjektive?
Welche Wörter mit dem Zwielaut ai kennst du schon?
Schreibe in dein Lerntagebuch: L

---

der Mai
das Jahr
die Zeit
das Ende
das Gras
die Blume
der Tag
die Sonne
der Himmel
die Leute
die Woche

schön
kalt
…
…
…

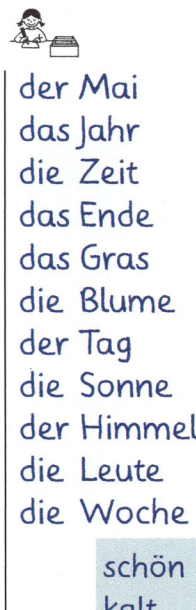

Das bin ich

ICH **1** Die Klasse macht Brotzeitpause. Betrachte das Bild.
Was essen und trinken die Kinder?

DU ICH **2** Warum ist ein gesundes Frühstück wichtig?
Besprich dich mit deinem Partnerkind. Begründet eure Entscheidung.

WIR **3** Was gehört zu einem gesunden Frühstück? Gestaltet ein Plakat
mit gemalten Bildern oder Fotos aus Zeitschriften.
Oder: Schreibe einen kleinen Text über dein Frühstück.

> Ein gesundes Frühstück ist wichtig, weil …

Rezepte

1 Betrachte das Bild. Wie legt man ein Gemüsegesicht?
Oder: Versuche selbst ein Gemüsegesicht zu legen.

2 Beschreibe, wie das Gemüsegesicht auf dem Bild gelegt wird.
Oder: Erzähle, wie du dein Gemüsegesicht gelegt hast.

3 Schreibe eine Zutatenliste für dein Gemüsegesicht.
Oder: Finde weitere Zutatenwörter. Sprich sie deutlich und
schwinge mit der Hand die Silben: Zutaten: Vollkornsemmeln, …

Karotte   Tomate   Gurke   Radieschen

Frischkäse   Semmel   Schnittlauch

4 Schreibe auf, wie Gemüsegesichter zubereitet werden:
Zuerst wasche ich … Dann … Danach … Zum Schluss …

5 Tausche das Rezept mit deinem Partnerkind.
Lies sein Rezept und lege sein Gemüsegesicht.

Einzahl und Mehrzahl

ICH **1** Tom und sein Vater kaufen Zutaten auf dem Wochenmarkt.
Wovon kaufen sie eine Zutat, wovon mehrere?

ein/eine	mehrere
Zwiebel	Tomaten
…	…

ICH **2** Was liegt in Toms Taschen?
Was gibt es im Angebot?
Ordne die passenden Nomen zu.
Schreibe mit Artikel:
das Brot – die Brote,
die Banane – die …

Brot
Ei
Salat

Banane
Melone
Birne

Angebot

Eier
Melonen
Salate
Brote
Birnen
Bananen

DU ICH **3** Markiere die Artikel. Was fällt dir auf?
Besprich dich mit deinem Partnerkind.
das Brot – die Brote,
die Banane – die …

> Nomen gibt es in der **Einzahl** und in der **Mehrzahl**.
> Der Artikel in der Mehrzahl heißt immer **die**:
> das Brot – **die** Brote, der Apfel – **die** Äpfel.

WIR **4** Bastle ein Schwarzer-Peter-Spiel.
Immer eine Einzahlkarte und
eine Mehrzahlkarte bilden ein Paar.

die Gurke

die Gurken

der Apfel

die Äpfel

S. 124
Sprache untersuchen

Wörter mit ä, ö und ü

1 Finde im Text alle Wörter mit ä, ö und ü.
Markiere ä, ö und ü: Frühstück, …

> Im Riesenland sieht ein Frühstück so aus:
> Der Riese sitzt an einem gewaltigen Tisch.
> Die Tischbeine sind dicke Baumstämme.
> Über dem Feuer hängen Töpfe
> so groß wie Badewannen.
> Darin köcheln zwölf riesige Würste.
> Außerdem wünscht sich der Riese Früchte,
> am liebsten fünf Fässer Äpfel zum Frühstück.

2 Finde zu jedem Wort die Mehrzahl. Zeichne Silbenbögen.
Markiere die Vokale und die Umlaute: das Holz – die Hölzer, …

das Holz	der Garten	der Wald	der Strumpf
das Buch	der Kopf	die Wand	der Kuss

> **Man nennt ä, ö, ü Umlaute**: der Käse, zwölf, die Tür.
> Viele Wörter mit Umlaut haben ein verwandtes Wort mit Vokal:
> die Gläser – das Glas, die Hölzer – das Holz, die Küsse – der Kuss.

3 Finde zu jedem Bild das passende Wort
mit einem Umlaut: die Schüssel, …

> Manche Wörter
> mit ä, ö oder ü
> musst du dir gut merken:
> das Mädchen, …

4 Bilde zu den Wörtern aus Aufgabe 3 die Mehrzahl. Was fällt dir auf?

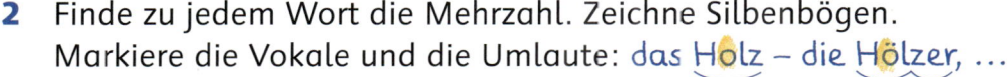

Wörter mit ä und äu ableiten

1 Lies den Text. Was frühstückst du zu Hause?

Lara hat über Nacht im Haus von Sofia geschlafen.
Am Morgen gibt es Frühstück für die Mädchen.
Sofias Mama schneidet für beide einen Apfel.
Sofia holt ihrem Gast ein Glas Saft.
Da kommt Sofias Papa in den Raum.
Er hat seinen Einkauf vom Markt dabei:
Es gibt Eier und frische Milch für das Müsli.

Manche Wörter mit ä haben kein verwandtes Wort mit a: das Mädchen, der Käse.

2 Finde im Text die verwandten Wörter mit a und au:
die Gäste – der Gast, …

Äpfel	Einkäufe	Säfte	Räume
Gläser	Märkte	Gäste	Häuser

> Man schreibt ein Wort mit **ä** oder **äu**, wenn es ein **verwandtes Wort**
> mit **a** oder **au** gibt: die **Ä**pfel – der **A**pfel, tr**äu**men – Tr**au**m.

3 Mit äu oder eu? Schreibe den Text vollständig auf.
Markiere äu oder eu.

Lara und Sofia r   men den Tisch ab.
Die Fr   ndinnen machen h   te
einen Ausflug. Hinter den H   sern ist
ein schöner Feldweg. Unterwegs treffen sie
kaum L   te. Da l   ft plötzlich ein M   schen
über den Weg. Lara und Sofia fr   en sich.
Jetzt machen sie im Schatten der B   me eine Pause.

Ich höre oi und schreibe eu: der Freund. Gibt es ein verwandtes Wort mit au, dann schreibe ich äu: der Baum – die Bäume.

4 Vergleicht eure Lösungen. Begründet bei jedem Wort,
warum ihr es mit äu oder eu geschrieben habt.

Hier üben wir

1 Übe den Text: oder oder oder .

Frühstück

Für die Pause hat Jonas ein Brot mit Käse.
Paul schneidet seine Äpfel. Tom legt ein Ei
auf sein Brötchen. Nina trinkt einen Saft.
Sie hat eine Brezel in der Tüte. Max und Hanna
laufen zum Bäcker. Das Mädchen kauft
ein süßes Hörnchen. Das ist nicht gesund.

Der Junge kauft ein Würstchen. Sie zählen die
Münzen. Sie zahlen zwei Euro und fünf Cent.

2 Finde im Text alle Wörter mit Umlaut.
Markiere ä, ö und ü. Sprich die Wörter deutlich.
Zeichne Silbenbögen: Frühstück, Käse, ...

3 Schreibe zu jedem Nomen die Mehrzahl auf.
Verwende die passenden Artikel: die Wurst – die Würste, ...

| Wurst | Saft | Mutter | Fluss | Apfel | Kopf |

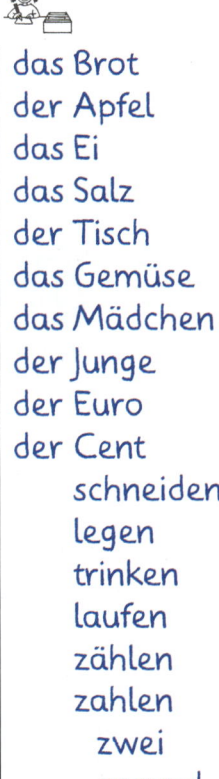

4 Finde die Wortpaare. Markiere ä – a und mit äu – au:
kaufen – der Käufer, ...

kaufen • laufen
blättern • schlafen
träumen • rauben

Käufer • Schläfer
Traum • Läufer
Räuber • Blatt

5 Brauchst du noch Hilfe beim Ableiten?
Oder hast du alles verstanden und kannst es erklären?
Schreibe in dein Lerntagebuch:

das Brot
der Apfel
das Ei
das Salz
der Tisch
das Gemüse
das Mädchen
der Junge
der Euro
der Cent

schneiden
legen
trinken
laufen
zählen
zahlen

zwei

gesund

Freizeit

1 Was tun die Kinder in ihrer Freizeit?

2 Was macht ihr in eurer Freizeit?
Fragt andere Kinder und erzählt.

3 Schreibe auf, wie du deine Freizeit verbringst.
Male dazu.

4 Gestaltet mit euren Texten und Bildern
eine Klassenzeitung.

Wie oft trainierst du
in der Woche?

Welche
Freizeitbeschäftigung
tut dir gut?

Texte überarbeiten

ICH **1** Lies Tims Geschichte. Was gefällt dir gut?

Gestern war ich auf dem Spielplatz.

Zuerst war niemand da.

Ich musste allein schaukeln.

Dann war es mir zu langweilig.

Dann kam mein Freund Alex.

Dann spielten wir zusammen Fußball.

Dann flog der Ball über den Zaun in einen Garten.

Wir konnten ihn nicht herausholen.

Dann kam der Bruder von Alex und hat uns geholfen.

Tim

DU ICH **2** Was könnte Tim besser machen? Besprich dich mit deinem Partnerkind.

DU ICH **3** Schreibe die Geschichte mit unterschiedlichen Satzanfängen.
Vergleicht eure Ergebnisse: Gestern war ich …

Satzanfänge

Endlich • Zum Glück • Plötzlich • Leider • Danach • Dann
Am Anfang • Auf einmal • Später • Zuerst • Gestern

ICH **4** Wie fängst du eine Geschichte an?
Schreibe zu dem Bild einen Geschichtenanfang.

Es war einmal …

An einem schönen Sonntag …

Eines Tages …   …

WIR **5** Sammelt weitere gute Geschichtenanfänge.
Ihr könnt sie auch in euren Lieblingsbüchern suchen.

Wortbausteine am Wortanfang: ver-, vor-, un-

ICH 1 Lies den Text. Ergänze **ver-** oder **vor-**:

Nina kann sehr gut ▢ lesen und Gedichte ▢ tragen.

Carlo übt fleißig Klavier. Er will sich nicht ▢ spielen.

Lina will beim Ballet ▢ tanzen.

Beim Handball ▢ zielt Tom das Tor.

Im Chor darf Max heute ▢ singen.

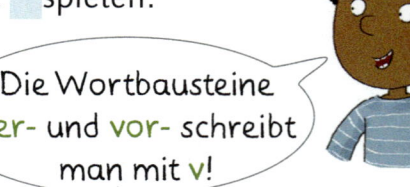

Die Wortbausteine **ver-** und **vor-** schreibt man mit **v**!

DU ICH 2 Ergänze nach **un-** das passende Adjektiv.
Vergleiche dein Ergebnis mit deinem Partnerkind:
Tom wartet ungeduldig…

Tom wartet un▢ auf den Bus.

Gleich hat er Fußballtraining.

Aber der Bus ist un▢. Tom wird un▢.

Er schaut un▢ auf die Uhr. Da kommt der Bus!

Toms Sorge war un▢. Schnell steigt er ein.

glücklich

ruhig

geduldig

pünktlich

nötig

> Die **Wortbausteine ver-, vor-, un-** stehen häufig am Wortanfang: **ver**stecken, **vor**lesen, **un**sichtbar.

WIR 3 Würfelt reihum. Bildet passende Wörter: *verschreiben, vorspielen, …*

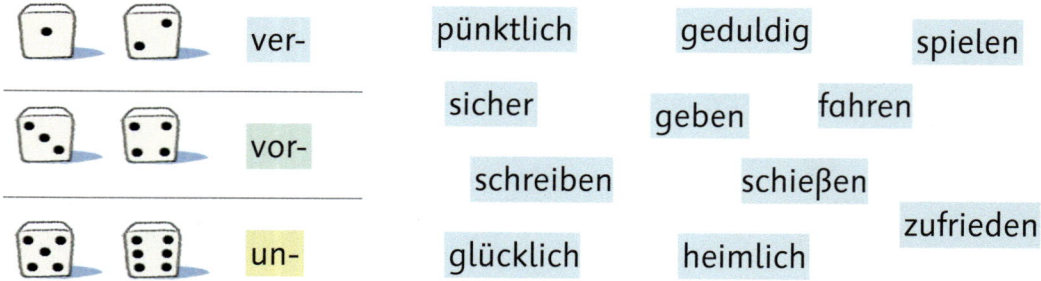

ver-

vor-

un-

pünktlich   geduldig   spielen

sicher   geben   fahren

schreiben   schießen

glücklich   heimlich   zufrieden

④ Finde in der Wörterliste weitere Verben und Adjektive, die man mit **ver-**, **vor-** oder **un-** verbinden kann.

Wortbausteine am Wortende: -en, -er, -el

1 Welcher Ball passt zu welchem Schläger? Ergänze -en, -er, el.
Markiere die Endungen: der Schläg**er**, ...

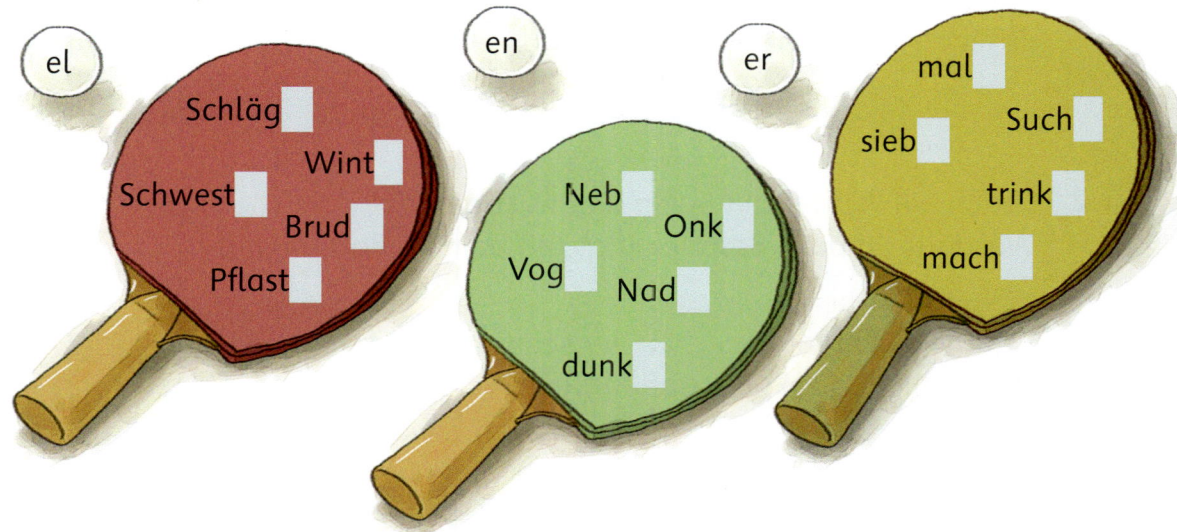

el

Schläg☐
Wint☐
Schwest☐
Brud☐
Pflast☐

en

Neb☐
Vog☐
Onk☐
Nad☐
dunk☐

er

mal☐
sieb☐
Such☐
trink☐
mach☐

> Die **Wortbausteine -en, -er, -el** stehen häufig
> am Wortende: lach**en**, der Wint**er**, dunk**el**.

2 Was ist denn hier passiert? Schreibe die Sätze richtig auf.
Markiere die Endungen: Die Mädch**en** ...

Die Mädcher schieber den Kucher in den heißer Ofer.

Im Sommel ist das Wettel schön und die Blättel sind grün.

Ich mag keine Zwieben und Kartoffen.

Der Lehrel sucht die Fedel auf dem Boder.

Tom und Anna sitzer im Garter auf der Schauken und leser Büchel.

3 Schreibe die passenden Nomen zu den Bildern.
Du kannst die Nomen in der Wörterliste nachschlagen.
Markiere die Endung: das Feu**er**, ...

> Denke daran:
> Jede Silbe enthält
> einen Vokal.

Wörter mit Sp/sp und St/st

ICH 1 Was machen Jan und Jule gerne? Wähle Sätze aus.
Markiere Sp/sp und St/st: Sie spielen mit der Katze. Sie …

mit der Katze spielen	auf Berge steigen	ins Wasser springen

ein spannendes Buch lesen	zum Sport gehen

DU ICH 2 Sprich die Wörter mit Sp/sp und St/st deutlich.
Was fällt dir auf? Besprich dich mit deinem Partnerkind.

> Am Wortanfang sprechen wir **schp** und **scht**,
> schreiben aber **Sp/sp** und **St/st**: das **Sp**iel, der **St**ein.

DU ICH 3 Schreibe Sp/sp oder St/st. Vergleiche dein Ergebnis mit deinem
Partnerkind: Sp/sp: das Spiel …   St/st: stehen …

iel   ehen
ellen   ielen   aren
ören   imme   ort

ark
unde   echt
ern   ein
reit   rechen

G 4 Welche Wörter habt ihr groß geschrieben, welche klein?
Besprecht in der Gruppe.

> Spitze Stiefel stoßen
> stets an spitze Steine
> auf steinigen Straßen.

> Der Stier läuft
> über Stock und Stein
> schon stundenlang
> und ganz allein.

WIR 5 Sprecht schnell und ohne Fehler.
Oder: Schreibe selbst einen Zungenbrecher mit möglichst
vielen Sp/sp oder St/st. Trage ihn in der Klasse vor.

S. 106 Richtig schreiben

Hier üben wir

1 Übe den Text: ✍ oder 🗳 oder 👫 oder 🏃.

Wer hat Zeit für Lotta?

Lotta will sich verabreden. Sie holt das Telefon.
Sie spricht mit ihren Freunden. Aber Anna ist vor
einer Stunde zum Sport und turnt. Sofie verbringt
den Tag bei ihrem Pferd im Stall. Joras ist krank.
Sein Zahn tut weh. Lea darf das Haus nicht verlassen.

Hakan ist verreist. Tom hat um vier Uhr ein Spiel
mit seinem Verein und Max lebt zu weit weg.

die Zeit
der Freund
die Stunde
der Sport
das Telefon
das Pferd
der Zahn
das Spiel
sprechen
turnen
dürfen
reisen
leben
krank
weit

2 Bilde Wörter mit dem Wortbaustein Un-/un-:
Unglück, …

| Glück | sichtbar | Wetter | zufrieden | Fall |

3 Ergänze -en, -er, oder -el. Zeichne Silbenbögen.
Markiere die Endungen:
der Spieler, …

Spiel☐ Nad☐ schie☐ Meist☐ Reg☐ sieg☐

4 Bilde Reimwörter mit Sp/sp oder St/st. Schreibe mit Artikel:
das Wort – der Sport, …

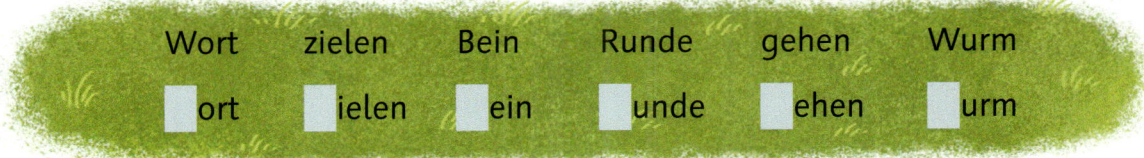

Wort zielen Bein Runde gehen Wurm
☐ort ☐ielen ☐ein ☐unde ☐ehen ☐urm

5 Was hast du dazugelernt? Wo brauchst du noch Hilfe?
Schreibe in dein Lerntagebuch: 📖

2. Jo-Jo-Test

Sätze überarbeiten

1   Schreibe die Sätze mit passenden Satzanfängen.

Tim feiert seinen Geburtstag im Kinderland.

☐ sind alle seine Gäste eingetroffen.

☐ stürmen alle los und rutschen.

☐ trinken sie etwas. ☐ ist Tim verschwunden.

☐ findet ihn Lina wieder.

Wörter mit Sp/sp und St/st

2   Bilde aus den Silben Wörter. Markiere Sp/sp und St/st:

spa	Stie	Stun	spre	Spie	spie

chen	ren	gel	len	de	fel

Wortbausteine verwenden

3   Bilde Wörter. Vergleiche dein Ergebnis mit deinem Partnerkind.

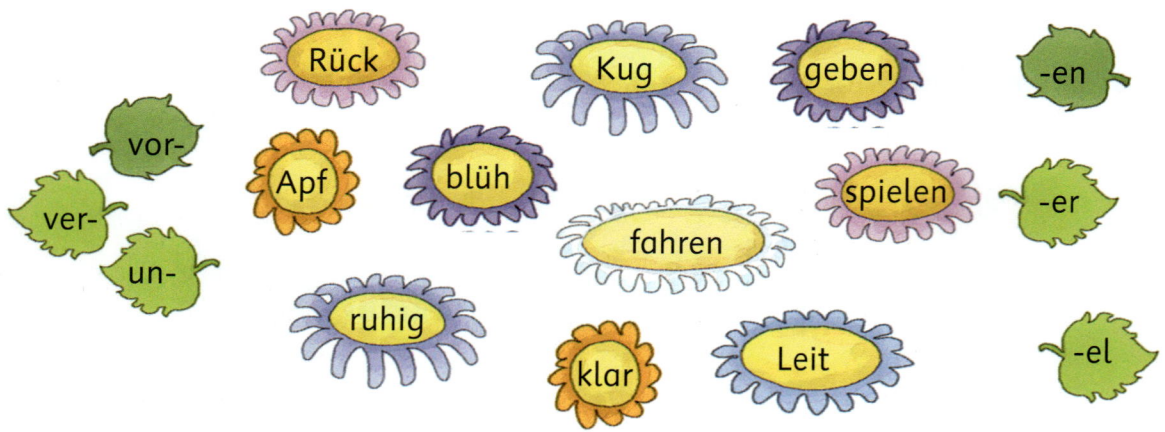

Einzahl und Mehrzahl

4 Schreibe die Nomen in der Einzahl und in der Mehrzahl auf.
Setze vor jedes Nomen den Artikel.

Dach Glas Fuß Ball Saft Wort Vogel

5 Markiere die Umlaute in der Mehrzahl.
Vergleiche dein Ergebnis mit deinem Partnerkind.

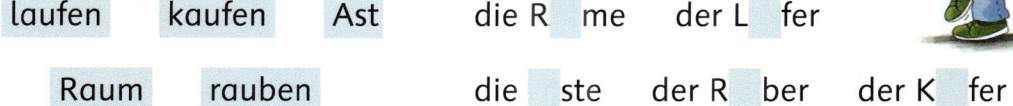

Wörter mit ä und äu

6 Finde die Wortpaare. Markiere a – ä, au – äu.

laufen kaufen Ast die R_me der L_fer

Raum rauben die_ste der R_ber der K_fer

Ein Rezept aufschreiben

7 Schreibe die Arbeitsschritte in der richtigen Reihenfolge auf.

Ich schiebe
den Kuchen in
den Backofen.

Mama knetet
den Teig.

Sie legt den Teig
in die Form.

Ich schneide die Äpfel
und lege sie auf den Teig.

Adjektive

8 Beschreibe Tims und Linas Murmeln.
Verwende passende Wörter:

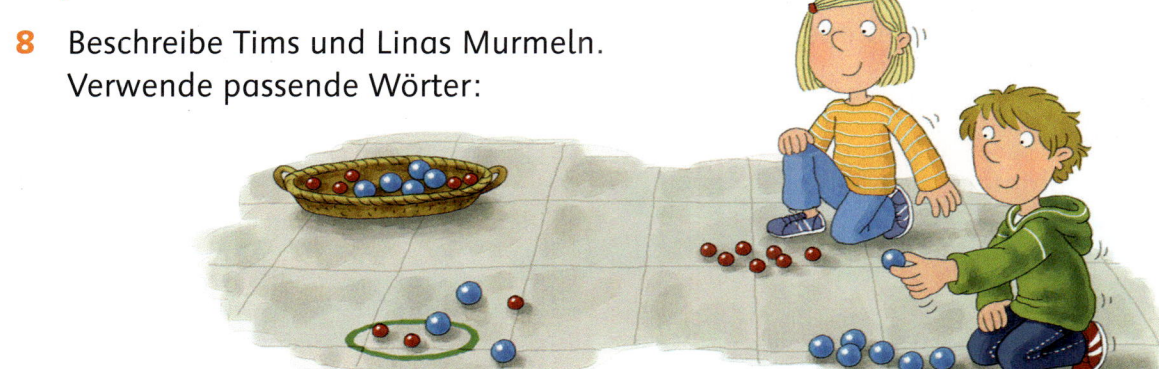

Frühling

ICH **1** Woran erkennst du, dass dieses Bild den Frühling zeigt?

DU ICH **2** Was gefällt dir am Frühling? Sprich mit deinem Partnerkind.
Begründe und nenne Beispiele.

G **3** Sammelt Stichwörter zum Thema **Frühling**:

Blumen

keine Winterjacke mehr

Sonne

…

> Mir gefällt am Frühling, dass sich die Natur verändert: Der Schnee …

WIR **4** Gestaltet mit den Frühlingswörtern ein Plakat
und hängt es in der Klasse auf.

Bastelanleitungen

1 Betrachte die Bastelanleitung. Ordne den Text den Bildern zu:
1. weißes, grünes und blaues Papier, … 2. …

das Quadrat in der Mitte durchschneiden

die Blätter und den Stiel auf grünes Papier malen

weißes, grünes und blaues Papier, Schere, Kleber, Stift

das Dreieck an der rechten und linken Ecke nach unten klappen

die Blätter und den Stiel ausschneiden

den Stiel, die Blätter und die Blüte auf blaues Papier kleben

2 Beschreibe, wie Schneeglöckchen gebastelt wird:

Zuerst schneide ich …   Danach male ich …

Dann klappe ich …   Zum Schluss klebe ich …

Nun schneide ich …   Ich brauche …

3 Tauscht eure Anleitungen in der Klasse aus.
Prüft, ob sie richtig geschrieben sind.
Auf was muss man beim Schreiben von Anleitungen achten?

4 Bastelt selbst Schneeglöckchen nach der Anleitung.

Dialekte und andere Sprachen entdecken

ICH **1** Lies den Text. Ergänze die Lücken mit Wörtern aus dem Maibaum.

In der Stadt ist ▢ was los!

Auf dem großen Festplatz ist ▢.

Lukas trifft sich mit Flori und Max.

Die ▢ wollen zur Wurfbude.

Sofie und Anna sind schon da.

Die ▢ essen ein ▢ mit ▢.

heuer — heute · dieses Jahr

Maadla · Diandl · Määdla — Mädchen

Buben · Buam · Burschen — Jungen

Würstl · Wurscht · Würschtl — Würstchen

Wecken · Weckerl · Brötchen · Semmeln — Brötchen

Frühlingsdult · Frühlingskerb · Frühlingskirchweih — Frühlingsfest

DU ICH **2** Welche Wörter hast du gewählt? Begründe, warum.

WIR **3** Wann verwendest du welche Wörter? Was ist der Unterschied? Besprecht euch in der Klasse.

> Je nach dem, wo man in Deutschland wohnt, wird die deutsche Sprache etwas anders ausgesprochen, als man sie in Büchern liest. Man nennt das **Dialekt** oder **Mundart**. In Bayern gibt es viele Dialekte.

4 Welchen Dialekt spricht man, wo du wohnst? Sprichst du ihn auch? Finde mehr darüber heraus oder berichte. **Oder:** Finde mehr über die Wörter im Maibaum heraus, die du nicht kennst.

WIR **5** Manche Wörter in der deutschen Sprache kommen aus anderen Sprachen. Weißt du, aus welcher Sprache die Wörter kommen?

Crêpe   Pyjama   Kiosk   Popcorn

S. 132 **Sprache untersuchen**

Wörter mit V/v

1 Schreibe aus dem Text alle Wörter mit **V/v** auf.
Markiere **V/v**: Viktor, …

> Viktor und Viola verbringen den Vormittag
> mit ihrem Vater auf dem Frühlingsfest.
> Auf dem Volksfest ist viel los!
> Viktor fährt vier Runden mit der Achterbahn.
> Beim Dosenwerfen gewinnt Vater einen Vogel
> und einen Strauß mit Veilchen.
> Viola versucht ihr Glück beim Losverkäufer.
> Volltreffer! Sie gewinnt eine violette Vase!

2 Sprich alle Wörter aus dem Text mit **V/v** deutlich. Was fällt dir auf?

> Der Konsonant **V/v** klingt manchmal wie **w**
> und manchmal wie **f**: die **V**ase, der **V**ogel.

3 Bilde Wörter mit den Wortbausteinen **vor-** und **ver-**:
vorlesen, …

> Vor- und ver-
> schreibt man mit
> Vogel-v.

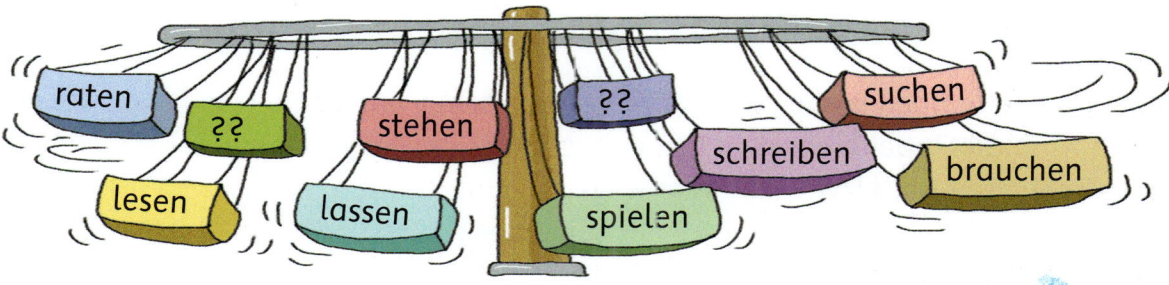

raten ?? lesen lassen stehen ?? spielen schreiben suchen brauchen

4 Wie klingt das **v**? Sprich die Wörter. Ordne sie in die Tabelle:

Vase	Vogel
Vase	Veilchen
…	…

Vase	Veilchen	Verein	Vater
viel	vergessen	vorsichtig	vor
Verben	Advent	Klavier	

Wörter mit r nach Vokal

1 Sprich die Wörter deutlich und
schwinge sie mit der Hand. Was fällt dir auf?

Ostern   werden   lernen

Garten   Farbe   schwarz

antworten

Birne   Wort   Partner   turnen

> Beim Sprechen rolle
> ich das r. Ich sage
> Farrrrrr - be und
> schreibe Farbe.

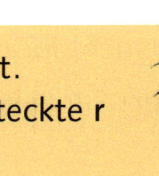

> Das **r nach einem Vokal** hört man nicht so gut.
> Daher muss man beim Schreiben auf das versteckte r
> besonders achten: lernen, Wort, schwarz.

2 Ordne die Wörter aus Aufgabe 1 in die Tabelle ein.
Markiere das r nach dem Vokal:

ar	er	ir	or	ur
der Garten	lernen	…	…	…
…	…			

3 Finde noch mehr Wörter mit verstecktem r und ordne sie
in die Tabelle ein. Die Wörterliste oder das Wörterbuch
helfen dir dabei.

> Ich höre
> Narzisse – ich
> schreibe mit r.

DU ICH **4** Diktiert euch die Wörter gegenseitig. Sprecht deutlich.
Kontrolliert die Wörter mit der Wörterliste.
Wo steht ein r nach dem Vokal?

Hier üben wir

1 Übe den Text:  oder 🗳 oder 👨‍👩‍👧 oder 🏃.

der Frühling
der Vater
die Frau
die Vase
die Dose
die Seife
die Mutter
der Name
die Oma
der Opa
die Schwester
das Baby
    sparen
    backen
    schlafen
        klein
        fein
        gut

Im Frühling ist Muttertag

Vater schenkt seiner Frau eine rote Vase mit
Narzissen aus dem Garten. Die drei großen Kinder
haben Geld für eine Dose mit guter Seife sparen
können. Sofie backt eine feine Torte für Mutter.
Jonas und Hanna schreiben Wörter
und Namen auf eine Karte. Sie malen mit
viel Farbe ein buntes Bild von der Familie.

Auf dem Bild sind Oma und Opa und die kleine
Schwester. Sie ist noch ein Baby und schläft viel.

2 Sprich deutlich. Zeichne Silbenbögen. Markiere V/v:
Vogel, …

Vogel   voll   Vater   Verb   Violine

3 Wo steht ein r nach dem Vokal? Schreibe auf:
der Garten, …

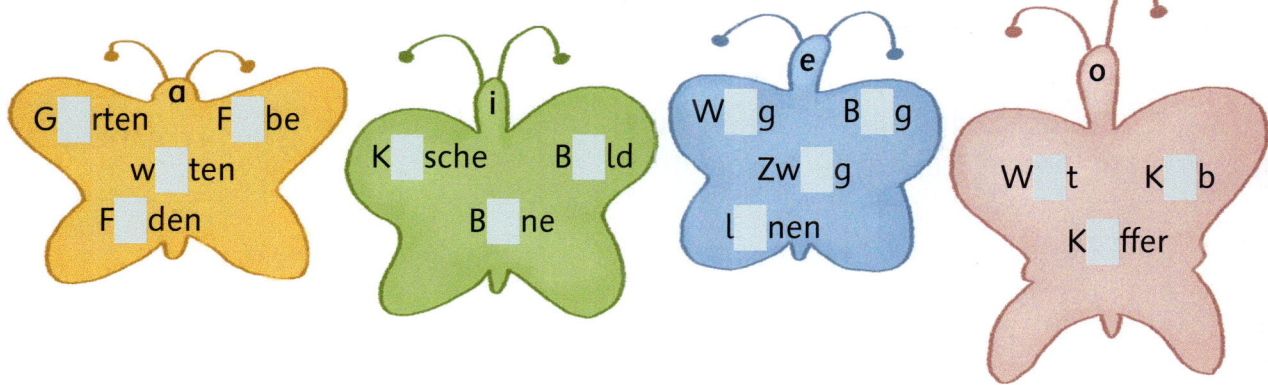

4 Welche Wörter mit V/v kennst du schon?
Schreibe in dein Lerntagebuch: 📖

Vorhang auf!

> Sehr verehrtes Publikum!
> Gleich beginnt das Theaterstück mit unseren fantastischen Schauspielern.
> Begrüßen Sie mit mir …

1 Betrachte das Bild. Welche Figuren spielen in diesem Theaterstück wohl mit?

> Ich erkenne …

2 Überlege, wie die Figuren aussehen könnten. Beschreibe sie genau.

> Ich vermute, dass …

3 Was glaubst du, wovon handelt das Theaterstück?

4 Warst du schon einmal im Theater? Erzähle davon.

Texte vortragen

DU ICH 1 Lies den Text. Was für ein Text ist das? Begründe.

Es ist Nacht. Die Bewohner von Schloss Wackelstein gehen ins Bett.
Prinzessin Estella, König Karlos und der kleine Hund Bruno sind sehr müde.
Estella: Gute Nacht, Papa! Träum was Schönes!
Karlos: Gute Nacht, Estella! Schlaf gut!
Alle gehen in ihr Zimmer und schlafen ein. Bald fängt der König an
zu schnarchen. Bruno versucht einzuschlafen …
Bruno: Bei dem Geschnarche kann doch kein Hund schlafen!
Bruno wälzt sich in seinem Körbchen hin und her.
Genervt schaut er zum Zimmer des Königs und seufzt.
Da schlägt die Kirchturmuhr zwölfmal. Mitternacht!
Auf einmal hört Bruno ein Heulen. Was ist das!?
Knarzend geht die Tür auf und ein Gespenst schwebt herein.
Gespenst: Huhuuuuu, huhuuu!
Das Gespenst will Bruno erschrecken, doch der schaut
das Gespenst nur müde an und gähnt.
Gespenst: Huhuuuu! Ich will endlich jemanden erschrecken!
Da hat Bruno plötzlich eine hervorragende Idee …
Bruno führt das Gespenst in das Zimmer des Königs.
Bruno: Hier schläft der König. Ihn kannst du erschrecken!
Gespenst: Huhuuuu! Huhuuuu!
Karlos: Hilfe! Ah! Was ist das? Bloß weg hier!
Der König springt erschrocken auf. Schnell wie der Blitz rennt er aus dem
Zimmer, das Gespenst saust heulend hinterher. Bruno aber hüpft in das Bett
des Königs und macht es sich gemütlich.
Bruno: Juhu, endlich kann ich in Ruhe schlafen!

G 2 Wie viele Sprecher gibt es in dem Text? Verteilt die Rollen in eurer Gruppe.

G 3 Schreibt euren Rollentext ab. Markiert durch Striche,
wo man beim Sprechen eine Pause machen sollte.
Unterstreicht die Wörter, die ihr betonen möchtet.

G 4 Tragt den Text in verteilten Rollen vor.

Eine Theateraufführung planen

1 Bevor ihr ein Theaterstück vorspielt, solltet ihr die Aufführung
gut planen. Überlegt gemeinsam.

Wer spielt welche Rolle?

Wer ist der Erzähler?

Wo soll unsere Bühne sein?

Welche Kostüme brauchen wir?

…?

…?

2 Wie könnte das Bühnenbild aussehen? Male ein Bild davon.

3 Welche Geräusche kommen im Theaterstück vor?
Überlegt, wie ihr sie erzeugen könnt.

4 Beschreibe die Figur, die du spielst. Welche Eigenschaften hat sie?

mutig	lustig	unheimlich	laut	stark
dumm	nett	schwach	hübsch	genervt
müde	klug	leise	ängstlich	listig

Wörter mit Pf/pf und Qu/qu

1 Lies die Geschichte. Ergänze Pf/pf und Qu/qu:

König Karlos sitzt be em in der Kutsche. Er hat eine Krone auf dem Ko .

Ein weißes erd zieht die Kutsche kreuz und er durch den Wald.

Ein kleiner Mann mit einer roten Zi elmütze lenkt seine Kutsche.

Er asselt von einer geheimnisvollen elle am Ende des dunklen ades.

Bruno hü t vor dem Wagen her. Der adratische Mond leuchtet hell.

Da erwacht Karlos aus seinem Traum und schim t: So ein atsch!

2 Gegenstände, die während eines Theaterstücks benutzt werden,
nennt man Requisiten. Schreibe die Requisiten richtig auf.
Markiere Pf/pf und Qu/qu: Topf, …

To   artettkarten   lanze   A el   Strüm e

3 Requisiten und Kostüme kann man leicht selbst basteln.
Überlegt, was ihr selbst machen könnt.

Wörter mit ng und nk

1 Sprich die Wörter deutlich. Schreibe sie auf.
Markiere ng und nk: Vorhang, ...

2 Schreibe den Text. Ergänze ng und nk:
König Karlos liegt krank im Bett. Prinzession Estella ...

König Karlos liegt kra___ im Bett. Prinzessin Estella hä___t seinen roten Umha___ in den Schra___. Bruno sitzt auf einer Ba___ und de___t nach. Da hört er einen seltsamen Kla___. Er spri___t auf und läuft in den Wald. Dort si___t ein Ju___e ein Lied. Er wi___t dem Hund zu und gibt ihm einen Zaubertra___. Schnell bri___t Bruno das Geträ___ zum Schloss. Der König tri___t und fühlt sich sofort besser. Zum Da___ sche___t Karlos dem Buben einen goldenen Ri___.

3 Übt den Text aus Aufgabe 2 als Pantomime.
Einer ist der Erzähler, die anderen spielen, ohne zu sprechen.

4 Überlege, was deine Figur sagt. Schreibe auf: Karlos: Ich bin krank.

5 Übt das Theaterstück. Verwendet dafür den Text aus Aufgabe 2 und 4
oder von Seite 56. Gebt euch gegenseitig Rückmeldung zu eurem Spiel.

> Ich spreche laut und deutlich.

> Ich spreche langsam und mache Pausen.

> Ich achte auf einen passenden Gesichtsausdruck.

Hier üben wir

1 Übe den Text: 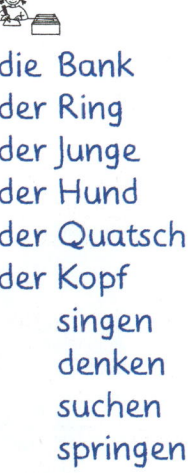 oder ⬚ oder 👫 oder 🏃.

Vorhang auf!

Die Vorstellung beginnt. Prinzessin Estella singt
ein Lied. König Karlos pfeift dazu und denkt nach.
Er sucht seinen Ring. Dann hört man einen seltsamen
Klang. Er kommt aus dem Schrank. Auf einmal
springt er auf und der Hund Bruno hüpft heraus.

König Karlos sagt: Lieber Bruno,
du hast nur Quatsch im Kopf!

die Bank
der Ring
der Junge
der Hund
der Quatsch
der Kopf
singen
denken
suchen
springen

2 Suche im Text alle Wörter mit ng und nk.
Ordner sie in eine Tabelle:

ng	nk
der Vorhang	...
...	

3 Bilde Reimwörter mit Pf/pf und Qu/qu:
Kanne – Pfanne, ...

Kanne   Herd   Matsch

▢anne   ▢erd   ▢atsch

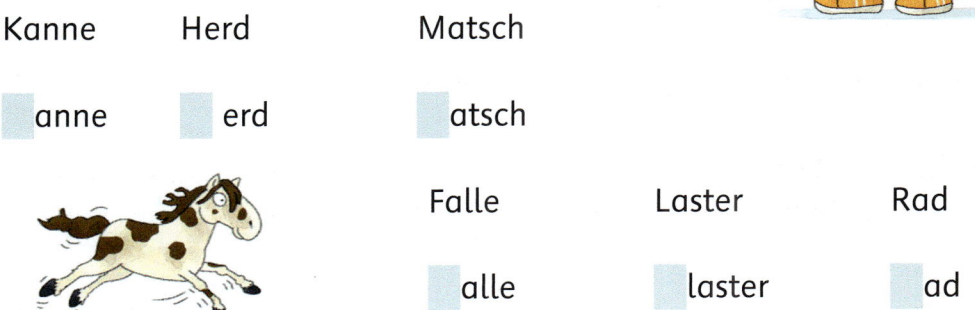

            Falle   Laster   Rad

            ▢alle   ▢laster   ▢ad

4 Welche Wörter mit Qu/qu kennst du schon?
Worauf musst du beim Vortragen von Texten achten?
Schreibe in dein Lerntagebuch: 📖

Natur entdecken: Pflanzen

In meinem Garten soll ein Apfelbaum wachsen, dann können wir Apfelkuchen backen.

1 Welche Pflanzen entdeckt ihr auf dem Bild?

2 Stelle dir deinen eigenen Garten vor. Beschreibe, was dort wachsen soll. Begründe deine Wahl.

Gras   Bäume   Früchte   Gemüse   Blumen

Steckbriefe und Diagramme

ICH **1** Kennst du diese Pflanze? Erzähle zu den Bildern.

| Enzian | Mehlprimel | Edelweiß | Trollblume |

DU ICH **2** Finde mit deinem Partnerkind mehr über diese Pflanzen heraus. Sachbücher, Schulbücher oder das Internet helfen euch dabei.

3 Die vier Pflanzen haben eine Gemeinsamkeit. Sie sind besondere Pflanzen. Findet ihr heraus, was die Gemeinsamkeit ist?

G **4** Wählt eine Pflanze in der Gruppe aus und gestaltet einen Steckbrief. Ihr könnt dazu malen und Fotos ergänzen.

> Name: Enzian
> Aussehen: Der Enzian hat …
> Standort: Der Enzian wächst …
> Besonderheiten: Der Enzian ist eine besondere Pflanze, weil …

WIR **5** Präsentiert euren Steckbrief in der Klasse.

WIR **6** Wie viele Monate blühen die Blumen? Erklärt das Diagramm.

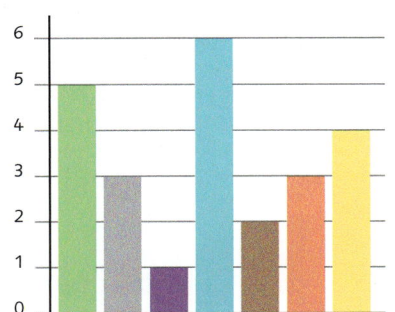

■ Sonnenblume: Juli bis Oktober
■ Löwenzahn: April bis August
■ Tulpe: März bis Mai
■ Ringelblume: Juni bis November
■ Lavendel: Juli
■ Christrose: Dezember bis Januar
■ Schneeglöckchen: Januar bis März

Wortstamm

1 Bilde mit den Wortbausteinen ganze Wörter.
Unterstreiche **Pflanz** oder **pflanz**: <u>umpflanz</u>en, …

2 Sieh dir deine neu gebildeten Wörter genau an. Worin unterscheiden sie sich? Was ist bei allen gleich? Besprich dich mit deinem Partnerkind.

> Jedes Wort hat einen **Wortstamm**. Dieser Wortbaustein bleibt meist gleich. Verwandte Wörter haben den gleichen Wortstamm: ein**pflanz**en, Topf**pflanz**e, **Pflanz**enname.

3 Immer drei Wörter sind verwandt. Schreibt nur die passenden Wörter. Unterstreicht die Wortstämme:
pflanz: …

| umpflanzen | setzen | die Pflanze | pflanzen |

gießen   die Gießkanne   eingießen   die Blume

Baumstamm   Wortstamm   das Beet   abstammen

4 Ergänzt die Sätze mit den passenden Wörtern.
Unterstreicht den Wortstamm **brenn**.
Vergleicht eure Ergebnisse: <u>Eine Brennnessel</u> …

Eine ▢ darf man nicht berühren.

Die Flamme ▢ das Wachs der Kerze.

Der Milchreis im Topf kann leicht ▢ .

Alles, was ▢ kann, ist ▢ .

brennen

verbrennen

brennbar

Brennnessel

anbrennen

B/b oder P/p, D/d oder T/t, G/g oder K/k

ICH **1** Sprich die Wörter laut und deutlich. Was fällt dir auf?

Beet • bunt • putzen • Pilz

dort • Donner • Tomate • trinken

gießen • Garten • kalt • Karotte

Halte beim Sprechen die Hand vor deinen Mund.

> **Weiche** und **harte Laute** muss man unterscheiden. Sprich die
> Wörter laut und deutlich. Dann kannst du hören, ob man sie mit
> **B/b** oder **P/p**, **D/d** oder **T/t**, **G/g** oder **K/k** am Wortanfang schreibt.

ICH **2** Ergänze den passenden Anfangsbuchstaben und markiere ihn.
B/b: Blatt,… P/p: Park, …

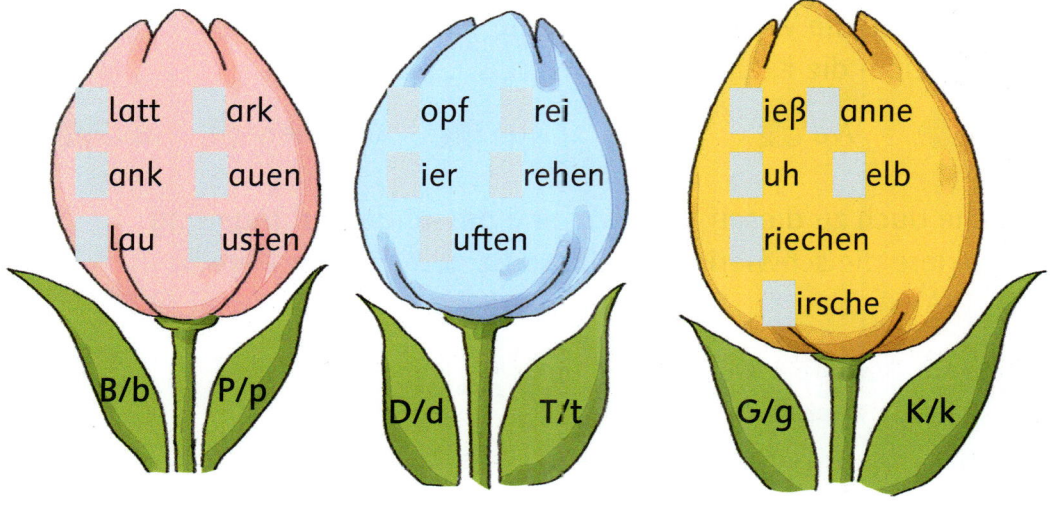

latt ___ ark
ank ___ auen
lau ___ usten

B/b   P/p

opf ___ rei
ier ___ rehen
uften

D/d   T/t

ieß ___ anne
uh ___ elb
riechen
irsche

G/g   K/k

DU ICH **3** Wann hast du B/b oder P/p, D/ch oder T/t, G/g oder K/k geschrieben?
Warum? Berichte deinem Partnerkind.

WIR **4** Findet weitere Wörter mit diesen Anfangsbuchstaben.

Wörter mit b, d, g verlängern

1 Lies den Text.

> Es ist Feiertag. Toms Familie macht einen Ausflug
> aufs Land. Sie wollen eine Wanderung machen.
> Auf der Fahrt mit dem Zug sieht Tom ein Feld
> mit gelbem Raps, eine Kuh mit ihrem Kalb,
> einen Bub auf einem Rad und eine Burg.
> Am Bahnhof zeigt ein Schild den Weg.
> Sie gehen auf einem Pfad durch den Wald.
> Oben auf dem Berg genießen alle die Aussicht.

2 Suche zu jeder Verlängerung das passende Wort im Text.
Markiere die schwierigen Stellen: der Berg – die Berge, …

Berge   Wege   Feiertage   Länder   Wanderungen   Kälber   Pfade

Ausflüge   Züge   Wälder   Schilder   Buben   Felder   Räder

3 Verlängere die Wörter. Markiere die schwierigen Stellen:
das Kleid – die Kleider, …

Klei🍃   We🍃   Bro🍃   Hun🍃   Geschen🍃   Bu🍃   Ra🍃

4 Suche auch zu diesen Wörtern eine passende Verlängerung.
Markiere die schwierigen Stellen: die gelbe Sonne – gelb, …

gel   gesun   kal   wil   har   ro   run

Verlängern hilft beim richtigen Schreiben von
b oder **p**, **d** oder **t**, **g** oder **k** am Wortende:
der Ta**g** – die Ta**g**e, das Bil**d** – die Bil**d**er, gel**b** – die gel**b**e Sonne.

Hier üben wir

1 Übe den Text: 🖊 oder 📖 oder 👥 oder 🏃.

Im Garten

Am Baum hinter der braunen Bank hängen im
Sommer viele Birnen. Die Raupe frisst Gemüse.
Im Gras arbeiten Ameisen. Die Bienen fliegen
von Blüte zu Blüte. Onkel Simon gibt den Tomaten
eine Kanne Wasser. Es kommt aus der Quelle.

Tante Anna legt im Beet ein Quadrat an.
Sie setzt die Pflanzen mit der Wurzel in die Erde.

2 Weicher oder harter Laut?
Ergänze den passenden Buchstaben: Garten, …

🍋arten 🍋anne 🍋onne 🍋latt 🍋ilz

3 Verlängere die Wörter: der Korb – die Körbe, …

Kor␣   Ra␣   Klei␣   Bro␣   Ta␣   Bu␣

4 Sortiere die Wörter nach den drei Wortstämmen: <u>schein</u>: …

scheinen   brauchen   pflanzlich   der Brauch   die Pflanze

der Sonnenschein   brauchbar   pflanzen   sie scheint

5 Kannst du schon gut harte und weiche Laute unterscheiden?
Was willst du noch besser machen? Schreibe in dein Lerntagebuch: 📖

der Garten
der Baum
der Sommer
die Birne
die Raupe
die Ameise
die Biene
die Blüte
das Wasser
die Tomate
der Onkel
die Quelle
die Tante
das Quadrat
die Pflanze
die Wurzel
zeigen
arbeiten
geben
hinter

Wie wir leben

Ich würde Mama gerne mitnehmen.

Du weißt doch, das geht nicht. Fünf Tage sind zu lang.

Das schaffen wir schon allein. Es sind doch Ferien.

Herr Huber

Frau Huber

Nicht mit mir! Du willst nur wieder alles bestimmen! Du bist echt fies!

Sofia

Max

Ich finde, Sofia hat Recht. Aber vielleicht kann Omi kommen?

Nina

1 Worüber spricht Familie Huber?

2 Vergleicht die Aussagen von Nina und Max. Wie wird sich Sofia wohl fühlen?

3 Was würdest du Max raten?

4 Warst du schon einmal allein zu Hause? Wie ging es dir dabei? Erzähle davon.

Ich bin gern allein zu Hause. Da kann ich …

Texte schreiben

ICH **1** Max hat einen Text geschrieben. Ist er gut zu lesen?

> Ich bin Max. Meine Eltern haben sich viel gestritten. Sie haben sich getrennt. Man nennt das Scheidung. Ich wohne bei meiner Mama. Mein Papa lebt nicht bei uns. Ich besuche ihn oft. Wir telefonieren viel. Jedes zweite Wochenende machen wir etwas zusammen.

DU ICH **2** Wie hat Max den Text aufgeschrieben? Wovon erzählt er? Was könnte er besser machen? Besprich dich mit deinem Partnerkind.

DU ICH **3** Vergleicht den Text von Max mit den Texten von Paul und Nina. Was haben Paul und Nina beim Schreiben ihrer Texte anders gemacht?

Der Senegal

Ich bin Paul und komme aus dem Senegal. Das ist in ein Land in Afrika.

Ich bin im Senegal geboren. Meine kleine Schwester ist in Bayern geboren.

Im Senegal spricht man Französisch. Hier in der Schule spreche ich Deutsch.

Mein Rollstuhl

Mein Name ist Nina und ich sitze im Rollstuhl.

Ich brauche den Rollstuhl, weil ich meine Beine nicht bewegen kann. Das ist schon seit meiner Geburt so.

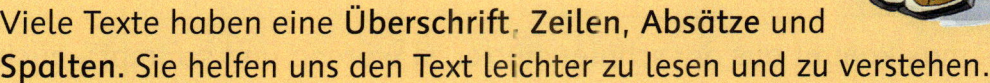

Viele Texte haben eine **Überschrift**, **Zeilen**, **Absätze** und **Spalten**. Sie helfen uns den Text leichter zu lesen und zu verstehen.

ICH **4** Schreibe über etwas, das dir wichtig ist. Finde eine Überschrift und achte beim Schreiben darauf, dass dein Text gut zu lesen ist.

WIR **5** Wir sind alle verschieden. Nicht alle mögen und können das Gleiche. Jeder sieht anders aus. Sprecht in der Klasse darüber.

Wortarten bestimmen

1 Lies die Tipps der Kinder.

> Verben sagen, was Menschen, Tiere, Pflanzen oder Dinge tun.

> Verben sagen, was geschieht.

> Verben verändern sich, wenn man ich, du, er, sie, es ... davorsetzt.

> Nomen sind Namen für Menschen, Tiere...

> Mit Nomen kann man Einzahl und Mehrzahl bilden.

> Ich kann vor Nomen einen Artikel davorsetzen.

2 Sind das Nomen oder Verben? Probiere die Tipps aus Aufgabe 1 aus.

HUND   LESEN   FAHRRAD   APFEL   LÄUFT   VIEL   REGNEN

> Artikel, Nomen und Verben sind **Wortarten**.
> Sätze werden aus Wortarten gebildet.

3 Schreibe richtig auf. Kreise die Nomen ein und unterstreiche die Verben.
Achte auf die Groß- und Kleinschreibung:
Max kommt aus der Schule. ...

> max kommt aus der schule. mutter ist wütend und schimpft. bücher,
> spielzeug und ein fußball liegen herum. max soll das zimmer aufräumen.
> doch er stopft alles in den schrank und geht fröhlich Fußball spielen.

4 Welche Wörter hast du eingekreist, welche hast du unterstrichen?
Vergleiche dein Ergebnis mit deinem Partnerkind. Begründe.

Satzarten und Satzzeichen

1 Lies die Sätze laut. Betone sie unterschiedlich.

Ich putze
meine Zähne ☐

Au ☐

Hast du noch
Hunger ☐

Schnell ☐

Vorsicht
Heiß ☐

Warte ☐

Willst du einen
Apfel mitnehmen ☐

Ich hole dich heute
von der Schule ab ☐

Wo ist dein Buch ☐

Punkt, Fragezeichen und Ausrufezeichen sind **Satzzeichen**.
Nach **Aussagesätzen** steht ein **Punkt**: Ich bin müde**.**
Nach **Fragesätzen** steht ein **Fragezeichen**: Wo ist Tom**?**
Nach **Ausrufen** steht ein **Ausrufezeichen**: Au**!**

---

2 Schreibe die Sätze auf. Setze passende Satzzeichen.
Vergleiche dein Ergebnis mit deinem Partnerkind: Warte!

3 Bilde sinnvolle Aussagesätze und schreibe sie auf.
Setze das richtige Satzzeichen: Ich helfe in der …

Ich	helfe	die Bettbezüge
Jonas	räumt	einen Kuchen
Mutter	wäscht	in der Küche
Opa	backt	sein Zimmer auf

4 Wer macht was bei euch zu Hause?
Schreibe Fragen auf und stelle sie deinem Partnerkind.

Wörter mit stummem h

1 Lies die Wörter. Was fällt dir auf?

Sohn   Uhr   wohnen

Ohr   fahren

Jahr   Fehler   Zahn

zahlen

sehr   zählen

Zahl

gehen   fühlen

> Manche Wörter haben ein **h**, das man beim Sprechen nicht hören kann. Wörter mit **stummem h** musst du dir gut merken:
> Frühling, zahlen, sehr.

2 Bilde aus den Silben Wörter. Markiere das stumme h:
Wohnung, …

| Woh | Zäh | fah | fröh | feh | neh |
| len | lich | nung | ne | ren | men |

3 Wie heißen die Wörter? Schreibe sie richtig auf.
Markiere das stumme h: Ohr, …

Ohr   Zahn   Fehler   Verkehr   Uhr

erzählen   Stuhl   zehn   wohnen   ohne

4 Mit oder ohne h? Prüfe mit der Wörterliste:
Schule, …

Sch◌le   L◌rerin   Fr◌ling   m◌len   gr◌n

J◌r   Rollstu◌l   sp◌t   s◌r   Bl◌me

Hier üben wir

1 Übe den Text:  oder ▢ oder 👥 oder 🏃.

Nina kann nicht gehen

Lisa wartet an der Ampel auf Tom.
Er steht schon mit einem Fuß auf der Fahrbahn.
Doch die Ampel ist rot. Er dreht sich um
und sieht Nina auf dem Gehweg. Sie braucht Hilfe.
Nina sitzt im Rollstuhl. Er geht zu ihr. Dann ist es grün.
Die Autos halten. Tom bringt Nina sicher auf
die andere Seite. Nina dankt ihm.

Toms Bruder fährt mit dem Fahrrad.
Er trägt einen Helm im Verkehr.

der Fuß
das Auto
der Bruder
  können
  gehen
  warten
  brauchen
  sitzen
  bringen
  danken
  rot

2 Finde im Text alle Wörter mit stummem h.
Ordne sie nach Nomen und Verben in eine Tabelle.

Nomen	Verben
die Fahrbahn	gehen
...	

3 Suche dir eine Überschrift aus.
Schreibe einen Text dazu.
Denke beim Schreiben daran, dass dein Text gut lesbar sein soll:

Mein Schulweg   Mein Tag

   Meine Familie   Mein Lieblings ...

5 Wie erkennst du Nomen und Verben?
Welche Wörter mit stummem h kennst du?
Schreibe in dein Lerntagebuch: 📖

Sommer

Baderegeln

Springe nie in unbekanntes
Gewässer!
Bade nicht mit vollem Magen!
Tauche andere nicht unter!

ICH 1 Ist das ein Gewimmel!
Wer hält sich nicht an die Baderegeln?

DU ICH 2 Warum sind Baderegeln wichtig?
Sprich mit einem Partnerkind darüber.

Baderegeln sind
wichtig, weil …

WIR 3 Kennt ihr weitere Baderegeln?

Botschaften schreiben und entschlüsseln

1 Vergleiche die Postkarten.
Was fällt dir auf?

Liebe Oma!

In Italien ist es toll.
Ich bade viel im Meer.
Heute machen wir
eineSchatzsuche.
Viele Grüße!

Deine Kati

Maria Groß
Holzstr. 6
12345 Hohl

Hier ist es toll.
Ich bade viel.

Viele Grüße!

Merkzettel Briefpost:
Briefmarke
Anschrift:
– Name
– Straße, Hausnummer
– Postleitzahl, Ort

2 Wem möchtest du gerne einmal
eine Postkarte schicken?
Schreibe eine eigene Postkarte.

> Briefe, Postkarten oder E-Mails beginnt man mit
> einer **Anrede**: Liebe Oma!, Hallo Tom! Man beendet
> sie mit einer **Schlussformel**: Bis bald! Viele Grüße!

3 Entschlüssele die geheime Botschaft: Suche den …

Sacho don ⊞ em
Beimheis. Goho
don Flass ontlung bes
zar ⌂. Vin dirt
sochs Schretto nuch
Iston. Un dor vorlus-
sonon Perutonsoidlang.

a=u   o=e
u=a   i=o
ei=au oi=ie
       e=i

4 Schreibe selbst eine geheime Botschaft.

Wortfelder

ICH **1** Lies den Text. Überlege, welche Verben am besten in die Lücken passen.

schwimmen

Dilara kann schon gut ~~~~~ .

paddeln

Sie ruft Tom. Er Tom steht am Beckenrand.

tauchen

Tom ~~~~~ mit den Füßen im Wasser.

Er denkt daran, wie die anderen über

plantschen

ihn lachen, wenn er durch das Wasser ~~~~~ .

„Wie ein Hund", sagen sie. Er will auch

kraulen

endlich ~~~~~ und ~~~~~ können.

ICH **2** Schreibe den Text ab. Wähle für jede Lücke ein passendes Verb.

DU ICH **3** Vergleiche dein Ergebnis mit deinem Parterkind.
Welche Wörter passen am besten in welche Lücke? Begründet.

G **4** Angelt die passenden Wörter. Findet ihr noch mehr?

gehen	sagen
laufen	sprechen
...	...

5 Bilde mit den Verben Sätze: Silke erzählt ein Märchen.
Oder: Schreibe eine kurze Geschichte mit den Verben.

Zusammengesetzte Nomen

1 In jedem Bild versteckt sich ein zusammengesetztes
Nomen mit **Wasser**. Schreibe die Nomen mit Artikel auf:
der Wasserfall, …

Ball · Eimer · Frosch · Fall · Flugzeug

2 Finde alle zusammengesetzten Nomen im Text.
Zerlege sie und schreibe sie mit dem passenden Artikel auf:
die Sommerferien: der Sommer, die Ferien, …

Es ist Ferienzeit. Heute ist ein schöner Sommertag.
Tom, Hakan und Lukas sind Pfadfinder. Sie fahren
auf eine Gruppenfahrt. Auf dem Zeltplatz bauen
alle ihre Zelte auf. Dann geht es zum
Seeufer. Dort spielen die Kinder Wasserball.
Am Abend gibt es ein großes Lagerfeuer.

3 Welche Nomen kannst du mit **Sommer** oder **Strand** zusammensetzen?
Schreibe die Wörter mit Artikel auf:
die Sommertag: der Sommer, der Tag, …

Wetter · Tuch · Sommer · Ferien · Hut
Bad · Fest
Tag · Matte · Strand · Zeit · …

> Manche Nomen kann man zusammensetzen.
> Mit **zusammengesetzten Nomen** kann man sich
> genauer ausdrücken: der Sommer, der Tag: **der Sommertag**.

Wörter mit Doppelkonsonanten

ICH **1** Welche Wörter schaukeln in den Wellen?
Schreibe sie auf. Zeichne Silbenbögen. Was fällt dir auf? die Schiffe, ...

Schif men ne Was ter Son
ne Wel fe mel fer Wet Kof schwim
Le len mer Wan Him Som ser fal

> Wörter mit Doppelkonsonanten **ff**, **ll**, **mm**, **nn**, **pp**, **rr**, **ss** und **tt** werden oft zwischen den Konsonanten getrennt: der Tel-ler, die Sup-pe.

DU ICH **2** Jeder Rettungsring gehört zu einem Schiff.
Ergänze und markiere die Doppelkonsonanten.
Vergleiche dein Ergebnis mit deinem Partnerkind: die Butter, ...

Bu er Mu er

Wa e

Hi el So er

Hu el

Fü er so en

wo en

bre en re en

kö en

tt mm ll nn

WIR **3** Sucht in der Wörterliste Wörter mit Doppelkonsonanten.
Untersucht den Vokal. Was fällt euch auf?

Hier üben wir

1 Übe den Text: 👧 oder 🗑 oder 👫 oder 🏃.

Donnerwetter und Märchenwald

Jonas und Paul wollen baden. Da ruft Paul: Schau!
Das Wetter! Überall sind Wolken und der Wind bläst.
Dann hören sie Donner. Die Buben rollen mit
den Augen. Jonas ruft: Oh nein! Regen! Paul fragt:
Was sollen wir nun tun? Jonas antwortet:
Komm! Wir lesen ein spannendes Märchenbuch.

Im Buch verirrt sich ein dummer Kaiser in einem
dunklen Nadelwald. Er trifft eine böse Hexe.
Aber ein netter Hase rettet ihn.

der Regen
die Wolke
der Bub
das Auge
der Kaiser
die Nadel
die Hexe
der Hase
baden
rufen
rollen
fragen
sollen
tun
antworten
dunkel
böse

2 Bilde zusammengesetzte Nomen: der Regenschirm, …

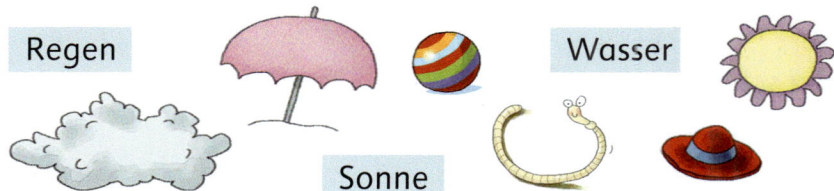

Regen

Sonne

Wasser

3 Ergänze die passenden Konsonanten: Kurz vor den Sommerferien …

Kurz vor den So⬚erferien geht die Kla⬚e 2b zusa⬚en

zum See. Es ist to⬚es We⬚ter. Die So⬚e scheint he⬚

am Hi⬚el. A⬚e Kinder wo⬚en schne⬚ ins Wa⬚ser.

Lukas pa⬚elt mit einem Boot auf den We⬚en.

Tom schü⬚elt das Boot. Lukas f⬚t ins Wa⬚ser.

4 Wann schreibt man ein Wort mit Doppelkonsonanten?
Schreibe in dein Lerntagebuch: 📗

3. Jo-Jo-Test

Wortstamm

1 Bilde mit diesen Bausteinen Wörter.
Unterstreiche in den Wörtern den Wortstamm.

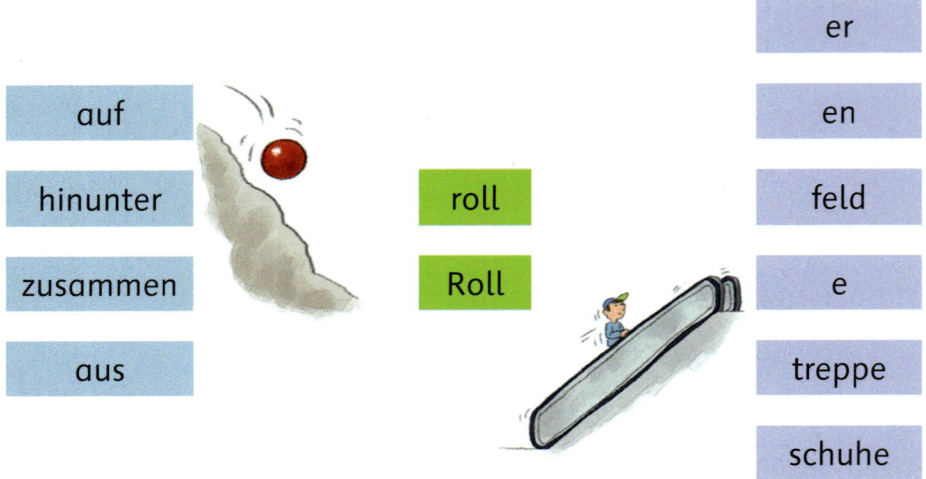

auf	er
hinunter	en
zusammen	feld
aus	e
roll	treppe
Roll	schuhe

b, d, g am Wortende

2 Verlängere und schreibe die Wörter.

Kor   Fel   Ber   Ta

We   Bro   Han   Köni

Wortarten bestimmen

3 Schreiben den Text richtig auf.
Unterstreiche alle Nomen und alle Verben.

im frühling blühen die tulpen.

es gibt sie in vielen farben:

sie sind rot, gelb, lila oder orange.

andi malt eine gelbe tulpe

auf ein blatt papier.

Wörter mit stummem h

4 Mit oder ohne h? Schreibe den Text
mit den richtigen Wörtern.

Bald ist das Schulja▢r zu Ende.

In drei Wochen ge▢en die Fe▢rien los.

Alle freu▢en sich se▢r auf die U▢rlaubszeit

und zä▢len die Tage bis zum Ferienbeginn.

Zum Abschie▢d feiern Schüler und Le▢rer

gemeinsam ein frö▢liches Sommerfest.

Wörter mit r nach Vokal

5 Schreibe nur die Wörter mit einem versteckten r nach Vokal auf.

Wortfelder

6 Schreibe nur die Wörter, die zum Wortfeld **gehen** passen.

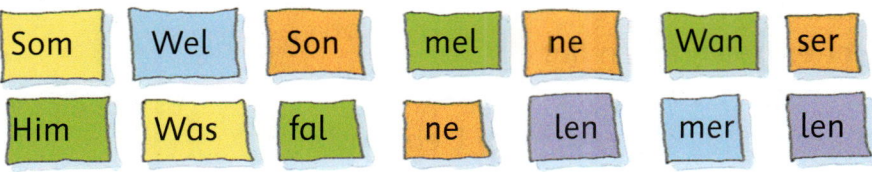

gehenspeisenschleckenrennenschlendern
schleichenflüsternsprechenschlurfenlaufenhumpeln

Wörter mit Doppelkonsonanten

7 Setze die Wörter richtig zusammen und schreibe sie auf.

| Som | Wel | Son | mel | ne | Wan | ser |
| Him | Was | fal | ne | len | mer | len |

Ich liebe Bücher

1 Welches Buch würdest du am liebsten lesen? Warum?

2 Bringe dein Lieblingsbuch mit und stelle es in der Klasse vor. Berichte, wer es geschrieben hat und wie es heißt. Beschreibe, wovon es handelt. **Oder:** Gestalte ein Plakat zu deinem Lieblingsbuch.

Mein Lieblingsbuch heißt …

Das Buch wurde geschrieben von …

Es handelt von …

Geschichten entwickeln

1 Welcher Geschichtenanfang passt zum Bild?
Erfindet dazu in der Klasse eine Geschichte.

Es war einmal eine Zauberin.
Die verkleidete sich als Hausmeister
in der Schule …

Räuber Knotter ist in die Schule
eingebrochen. In seinen Sack
hat er … gesteckt.

Einmal sah ich auf der Straße
einen alten Mann. Der zog einen
Handwagen. Darauf war …

2 Schreibe die Geschichte aus Aufgabe 1 auf.
Oder: Schreibe eine Geschichte zu einem anderen
Geschichtenanfang aus Aufgabe 1.

3 Wähle einen Zettel aus. Überlege, was passieren könnte.
Male ein Bild, das die Geschichte weitererzählt, oder notiere Stichpunkte.

Lukas und Max sind auf dem Spielplatz. Sie wissen nicht, was sie spielen sollen. Doch dann entdecken sie im Holzhaus einen geheimnisvollen Zettel …	Es war einmal ein sehr altes Schloss. Darin wohnte …	Neulich saßen wir beim Abendbrot. Da hörten wir an der Tür ein Geräusch. Als wir nachschauten, fanden wir …

4 Schreibe eine Geschichte aus Aufgabe 3 zu Ende.
Finde eine passende Überschrift. Am Computer kannst du
deine Geschichte leichter verändern.

Wörter mit besonderer Schreibweise

1 Lies die Detektiv-Geschichte. Ergänze die passenden Wörter.

Fuß   Cent   Quatsch   Baby   Straße

Quelle   Computer   Spaß   Clown

Hexe   Handy   Kaiser   groß   heiß

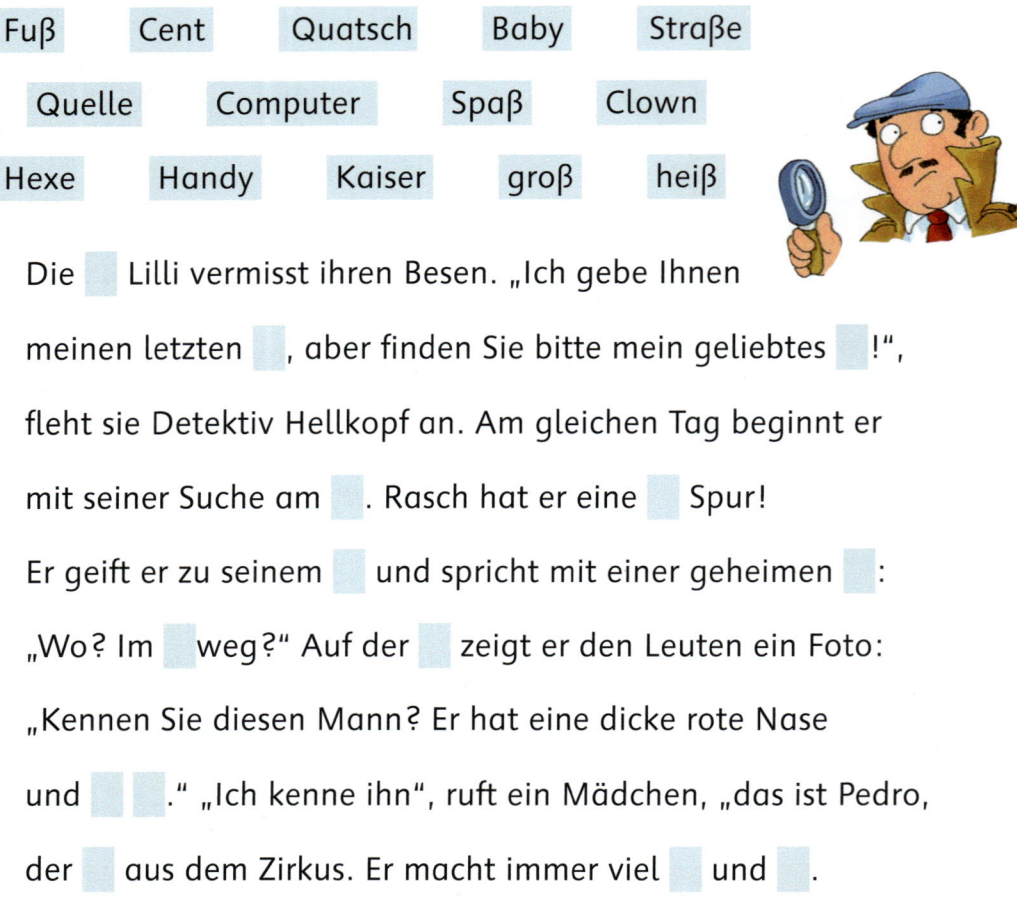

Die ___ Lilli vermisst ihren Besen. „Ich gebe Ihnen

meinen letzten ___, aber finden Sie bitte mein geliebtes ___!",

fleht sie Detektiv Hellkopf an. Am gleichen Tag beginnt er

mit seiner Suche am ___. Rasch hat er eine ___ Spur!

Er geift er zu seinem ___ und spricht mit einer geheimen ___:

„Wo? Im ___ weg?" Auf der ___ zeigt er den Leuten ein Foto:

„Kennen Sie diesen Mann? Er hat eine dicke rote Nase

und ___ ___." „Ich kenne ihn", ruft ein Mädchen, „das ist Pedro,

der ___ aus dem Zirkus. Er macht immer viel ___ und ___.

2 Schreibe die Wörter aus Aufgabe 1 auf. Sprich die Wörter genau.
Markiere die schwierigen Stellen: die Hexe, ...

3 Überlege, wie die Detektiv-Geschichte aus Aufgabe 1 weitergehen könnte.
Schreibe ein passendes Ende oder male ein Bild davon.

4 Suche in deinem Lieblingsbuch nach weiteren schwierigen Wörtern.
Notiere sie. Diktiere sie anschließend deinem Partnerkind.

Wörter mit ck und tz

1 Lies die Buchtitel. Achte dabei auf die Vokale vor **ck** und **tz**.
Klingen die Vokale lang oder kurz?

Die Schatzinsel

Die Schnecke und der Buckelwal

Der Räuber Hotzenplotz

Hans im Glück

Der Sonnenwecker

Max und Moritz

> Hörst du nach einem kurzen Vokal oder Umlaut ein **k**, schreibst du **ck**.
> Hörst du **z**, schreibst du **tz**: die Brücke, backen, die Katze, sitzen.

2 Schreibe den Text auf. Setze **ck** oder **tz** ein:
Jedes Kind hat einen Lieblingsplatz …

Jedes Kind an einen Lieblingspla___ zum Lesen:
Lea zieht sich gerne in die Spiele___e zurü___.
Tom liest am liebsten heimlich unter
der De___e. Hanna hat ein Verste___ zum
Lesen im Baumhaus. Jonas si___t gerne mit
seinem Buch im Garten. Und Paul macht das Lesen
besonders auf der weichen Matra___e im Bett Spaß.

3 Sprich die Wörter deutlich. Wann schreibst du **k** oder **ck**, **z** oder **tz**?

WIR 4 Wo liest du am liebsten? Berichte von deinem Lieblingsleseplatz.
Oder: Finde mehr über die Bücher aus Aufgabe 1 heraus.

Texte in unterschiedlichen Medien

1 Max, Hanna, Lea und Sofia lieben spannende Seeräubergeschichten.
Beschreibe, auf welche Art sie die Geschichte kennen lernen.

2 Wie lernst du am liebsten neue Geschichten kennen?
Berichte von deinen Erfahrungen und begründe deine Meinung.

3 Betrachte die Abbildungen.
Was haben sie gemeinsam? Worin unterscheiden sie sich? Erkläre.

| Bilderbuch | Lesebuch | Hörbuch | Sachbuch | Film |

4 Wählt aus der Bücherei oder eurer Bücherkiste ein Lesebuch aus.
Gestaltet dazu ein Bilderbuch, ein Hörbuch oder stellt es szenisch dar.
Ihr könnt den Computer verwenden, den Ton aufnehmen oder euch filmen.

Zu einem Buch oder einer Figur schreiben

ICH **1** Kennst du Shaun das Schaf?
Berichte, woher du Shaun kennst.

DU ICH **2** Finde mit deinem Partnerkind mehr über
Shaun das Schaf heraus. Büchereien, Buchhandlungen
und das Internet helfen euch dabei.

DU ICH **3** Betrachtet die Bilder. Was passiert als nächstes?
Schreibt in der Gruppe zu jedem Bild den Text weiter.

1.

Es ist weit nach Mitternacht.
Die ganze Farm schläft tief und fest.
Da werden Shaun das Schaf
und seine Freunde von einem
sirrenden Geräusch geweckt: …

?

2.

Plötzlich springt die Tür des
Raumschiffs auf. Bitzer bleibt
wie angewurzelt stehen,
die Schafe halten die Luft an …

?

3.

Shaun und seine Freunde
trauen ihren Augen nicht:
Echte Außerirdische!
Was die wohl wollen? …

?

WIR **4** Lest eure Geschichte in der Klasse vor.
Oder: Sammelt eure Geschichten und gestaltet ein Buch
mit allen Geschichten.

Wir lernen und üben gemeinsam

Ich arbeite alleine

Ich lese die Aufgabe.
Ich überlege mir eine Antwort
und schreibe sie auf.

Partnerarbeit

Ich vergleiche mein Ergebnis
mit meinem Partnerkind.
Ich erkläre, wie ich
die Aufgabe gelöst habe.
Wir schreiben eine
gemeinsame Antwort.

Gruppenarbeit

Wir vergleichen unsere
Ergebnisse und erklären, wie
wir die Aufgabe gelöst haben.
Wir schreiben eine
gemeinsame Antwort.

Präsentation und
Lernplakat/Lerntagebuch

Wir präsentieren unsere
Ergebnisse in der Klasse.
Wichtige Überlegungen
schreiben wir auf
ein Lernplakat und/oder
in unser Lerntagebuch.

Ein Lerntagebuch oder Lerngespräch führen

Denke über dein Lernen und deine Arbeit nach!

Wie hast du die Aufgabe gelöst? Was hat dir geholfen? Was ist dein nächstes Ziel? Wie willst du es erreichen?

Die Fragen am Ende jeder Hier-üben-wir-Seite helfen dir beim Überlegen und Schreiben: L

Eintrag ins Lerntagebuch
Du kannst deine Gedanken in Ruhe aufschreiben.

Wenn du möchtest, kannst du zu deinem Eintrag auch etwas kleben oder malen.

Lies dir noch einmal durch, was du aufgeschrieben hast. Fehlt noch etwas?

Zeige deiner Klasse deine neue Seite im Lerntagebuch und besprech mit ihr, was du aufgeschrieben hast.
Oder sprich mit deiner Lehrerin oder deinem Lehrer. Erkläre, was du gelernt hast und was du noch üben möchtest.

Wörter im Wörterbuch nachschlagen

Betrachte die Abbildung oder das Wort. Überlege dir, mit welchem Anfangsbuchstaben das Wort beginnt und merke ihn dir gut.

Suche die Seiten, auf denen alle Wörter mit diesem Anfangsbuchstaben stehen. Das ABC am Rand hilft dir dabei.

Wörter mit gleichem Anfangsbuchstaben sind nach dem zweiten Buchstaben geordnet. Sieh dir deshalb auch den zweiten Buchstaben an.

Vielleicht musst du sogar den dritten und vierten Buchstaben betrachten. So findest du das Wort im Wörterbuch.

Wörter mit der Wörterkiste üben

Aufschreiben

Schreibe immer ein Wort
auf eine Karte.
Kontrolliere jeden Buchstaben.
Stecke die Karte in das
Fach 1 der Wörterkiste.

Üben

Nimm eine Karte aus Fach 1.
Schau dir das Wort genau an.

Sprich es deutlich und
schwinge dabei die Silben
mit der Hand.

Drehe die Karte um.
Schreibe das Wort
auswendig auf.

Flüstere dabei alle Silben mit.

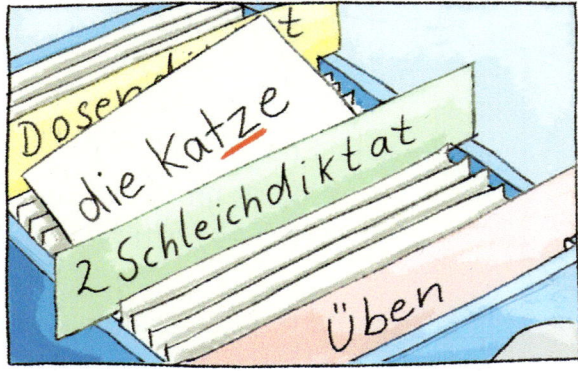

Kontrolliere sofort.
Bei einem Fehler übst du
das Wort noch einmal.

Ist das Wort richtig
geschrieben, wandert
die Karte in Fach 2.
Lass deine Karte durch
alle Fächer wandern.

Texte abschreiben

Lies dir den ganzen Text
sorgfältig durch.

Lies den ersten Satz.
Merke dir so viele Wörter
wie du kannst.

Schreibe den Satz Wort
für Wort auswendig auf.
Flüstere dabei, was deine
Hand gerade schreibt.

Setze das Satzzeichen
am Ende des Satzes.

Kontrolliere ein Wort
nach dem anderen.

Hast du einen Fehler, streiche
das Wort mit Lineal durch.
Schreibe es noch einmal.

Arbeite Satz für Satz weiter.

Schleichdiktat

Lies dir den ganzen Text sorgfältig durch.

Lege deinen Text an einen besonderen Ort (Fensterbrett, Regal ...).
Lies den ersten Satz.
Merke dir so viele Wörter wie du kannst.

Schleiche an deinen Platz.
Sprich die Wörter leise vor dich hin und schreibe sie auswendig auf.

Gehe so oft hin und her, bis du das ganze Diktat geschrieben hast.

Lege den Text neben dein Diktat und kontrolliere Wort für Wort.
Hast du einen Fehler, streiche das Wort mit Lineal durch.
Schreibe es noch einmal.

Dosendiktat

1. Tag

Schreibe jeden Satz auf einen Streifen Papier. Nummeriere alle Streifen. Überprüfe, ob die Sätze richtig geschrieben sind und kennzeichne schwierige Wörter.

2. Tag

Ordne die Streifen und lies den Text.

Nimm den ersten Streifen und präge dir die Wörter ein.

Stecke den Streifen in die Dose und schreibe den Satz auswendig auf.

Wenn du alle Sätze geschrieben hast, hole die Streifen aus der Dose und vergleiche genau.

Überprüfe, ob alles richtig geschrieben ist und berichtige die Fehler.

Arbeitstechniken

Partnerdiktat

Diktiere deinem Partnerkind
langsam und deutlich
Wort für Wort.

Stelle dich dabei so,
dass du sehen kannst,
was das Kind schreibt.

Siehst du einen Fehler,
dann sage: „Stopp!"

Begründe deine Meinung,
wenn du einen Fehler siehst.

Sprich über den Fehler
und gib Hilfen.
Diktiere das Wort noch einmal.

Tauscht dann die Rollen
und lass dir den Text von
deinem Partnerkind diktieren.

Überprüft gemeinsam.

Ihr könnt dafür
die Wörterliste oder
ein Wörterbuch verwenden.

Silben schwingen

1 Sprich die Wörter laut und schwinge sie mit der Hand. Schreibe die Wörter ab. Zeichne Silbenbögen: Tisch, …

Lena

| Tisch | Fenster | Bilder | Schrank |
| Fach | Regal | Tafel | Tür |

2 Ordne die Wörter in eine Tabelle:

eine Silbe	zwei Silben
Brot	Apfel
…	…

| Apfel | Brot | Buch | Füller |
| Kinder | Milch | Pinsel | Heft |

DU
ICH

3 Finde passende Wörter. Schreibe sie auf. Zeichne Silbenbögen. Vergleiche dein Ergebnis mit deinem Partnerkind: Lampe, …

Lam	pe / pi	Schu	fe / le	Fo	to / mo
Pau	sa / se	Ker	ze / su	Klas	pi / se
Pin	sel / tel	Schu	pa / he	Lap	sa / pen

Sprich das Wort deutlich Silbe für Silbe. Zeichne dabei zu jeder Silbe mit der Hand einen Bogen in die Luft.

Richtig schreiben   S.6 Arbeitsheft

4 Sprich die Wörter laut. Schwinge sie mit der Hand.
Schreibe sie auf. Zeichne Silbenbögen. Vergleiche dein Ergebnis
mit deinem Partnerkind: Stundenplan, …

| Stundenplan | Turnbeutel | Bleistift | Schere | Buchstabe |

| Plakat | Malkasten | Blumenbank | Stempel | Zettel |

5 Finde die Reimwörter und schreibe sie auf.
Zeichne Silbenbögen: Laus, Haus, …

Laus	Dose	Schnecke	Sturm
H	H	H	…
M	R	…	…

6 Setze die Wörter richtig zusammen.
Zeichne Silbenbögen: Flasche, …

| Fla | Lis | Pa | Schlüs | Tü | Wör |

| ter | sel | te | cher | sche | pier |

7 Eine, zwei oder drei Silben? Ordne die Dinge
in der Spielecke. Zeichne Silbenbögen:
Wörter mit einer Silbe: Bus, …
Wörter mit zwei Silben: …
Wörter mit drei Silben: …

Vokale

1 Schreibe die Wörter. Zeichne Silbenbögen.
Markiere die Vokale: A̮rm, B̮a̮rt,

Arm	Bart	Brust	Hals
Nase	Mund	Wimpern	Hand
Herz	Ferse	Schulter	Po
Magen	Kopf	Zehen	Stirn

2 Schreibe die Lückenwörter mit den Vokalen.
Markiere die Vokale. Vergleiche dein Ergebnis
mit deinem Partnerkind: bu̮nt, …

Mein Schirm ist b nt.

Meine Schultasche ist schw r.

Meine Hose ist r t.

Meine Schuhe sind lt.

Meine Schwester ist sehr fr ch.

Ich bin sehr st rk.

---

a, e, i, o, u sind Laute, die von alleine klingen. Sie heißen **Vokale.**
In jeder Silbe steckt ein Vokal: Wo̮lf, Ka̮me̮l, Kro̮ko̮di̮l.

3 Schreibe die Wörter. Zeichne Silbenbögen.
Markiere in jeder Silbe den Vokal:
dunkle Locken, …

komische Brille

dunkle Locken

spitze Nase

rundes Gesicht

schwere Tasche

goldene Kette

winzige Kappe

lange Arme

DU ICH

4 Ordne die Wörter nach ihren Vokalen a, e, i, o, u.
Markiere die Vokale. Vergleiche dein Ergebnis
mit deinem Partnerkind:
Vokal a: Schal, …
Vokal e: …
…

Schal   Schirm   Strumpf   Knopf   Heft

Loch   Mensch   Hut   Ring   Glas

5 Finde passende Reimwörter. Markiere die Vokale:
Stern – Kern, …

Fisch

Stern

Kopf

Schmerz

Wut

Wal

Wörter mit au, eu, ei und ai

1 Lies die Mausgeschichte.

Im Mai entschied die kleine Maus Meike,
ans andere Ende des Feldes zu laufen.
Heute Nacht schleicht sie leise
aus dem Haus. Paul und Zeus
begleiten sie auf der Reise.
„Ich brauche eine Pause",
meint Meike nach kurzer Zeit.
Müde schlafen die drei Freunde
unter einem Baum ein.

2 Suche im Text alle Wörter mit au, eu, ei und ai. Markiere die
Zwielaute. Vergleiche dein Ergebnis mit deinem Partnerkind:

ei: eines, ...   eu: ...   au: ...   ai: ...

3 Welche Mäusemama gehört zu
welchem Mäusekind?
Schreibe die Wörter auf.
Markiere die Zwielaute: neu, ...

Ich höre oi
und schreibe
eu.

Ich höre ai
und schreibe
ei.

n___L___te
Sch___ne
h___te   t___er

Arb___t
r___sen
st___l___se
S___fe

Fr___k___fen
l___fen   f___l
gl___ben

---

au, eu, ei, ai sind Zwielaute, weil sie aus zwei Lauten bestehen.
Zwielaute dürfen nicht getrennt werden:
der Baum, freuen, die Seife, der Hai.

---

4 Finde Wörter mit den Zwielauten **ei, eu, au, ai**.
Markiere die Zwielaute. Vergleiche dein Ergebnis mit
deinem Partnerkind: Mauer, Mais…

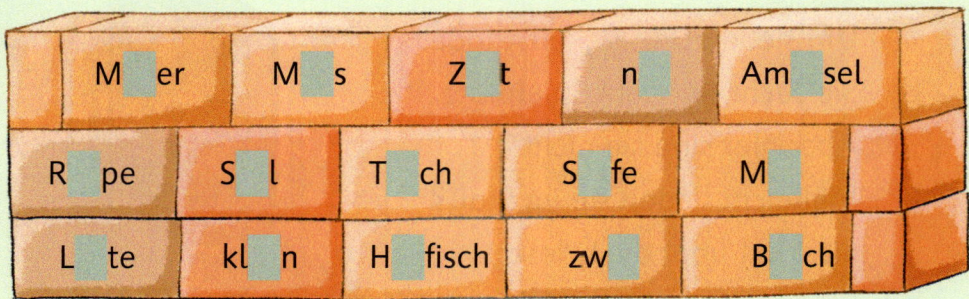

M__er	M__s	Z__t__n	Am__sel
R__pe	S__l	T__ch	S__fe	M__
L__te	kl__n	H__fisch	zw__	B__ch

5 Schreibe die Wörter mit den passenden Anfangsbuchstaben.
Markiere die Zwielaute: Schraube, …

Sch/B raube   M/G eiger   K/Sp eise   B/G eine

B/R austelle   Sch/F leife   F/B auer   S/G eist

6 Schreibe die Wörter zu den Bildern auf.
Markiere die Zwielaute:
Wörter mit au: Auge, …
Wörter mit ei: …
Wörter mit eu: …
Wörter mit ai: …

7 Setze die Silben zu Wörtern zusammen.
Markiere die Zwielaute. Vergleiche dein
Ergebnis mit deinem Partnerkind: Leute, …

| Leu | Freun | Schei | Lei | Pflau | Mai |
| be | me | ter | baum | te | din |

Wörter mit ie

1 Lies den Text. Sprich die Wörter mit ie deutlich.

Wie jeden Dienstag
sucht Sofie ihre Stiefel.
Um sieben Uhr ist Reitstunde.
Sie sucht auf dem Spielplatz.
Aber hier sind sie nicht!
Vielleicht liegen sie im Stall?
Sie läuft über die Wiese.
Schließlich sieht sie die Stiefel
vor der riesigen Stalltür.
Oh, wie die riechen! Sofie zieht
sie an und denkt: Ich lasse sie
lieber nie wieder liegen!

DU ICH

2 Suche im Text Wörter mit **ie**. Markiere **ie**.
Vergleiche dein Ergebnis mit deinem Partnerkind:
Stiefel, …

3 Setze Wörter aus den Silben zusammen. Markiere ie:
Flieger, …

Flie	Brie	Lie	Wie	Zwie
bel	fe	ge	ger	se

Hörst du am Ende einer Silbe ein **langes i**,
schreibst du meistens **ie**: wieder, Biene, spielen.

4 Schreibe die Sätze mit den richtigen Tiernamen.
Markiere ie: Murmeltiere halten einen …

| Ziegen | Bienen | Fliegen | Murmeltiere |

___ halten einen langen Winterschlaf.

___ fliegen zu den Blumen.

___ können laut meckern.

___ setzen sich gerne auf Kuchen.

DU ICH

5 Schwinge die Wörter mit der Hand
und ordne zu. Vergleiche dein
Ergebnis mit deinem Partnerkind:

ie	i
Diebe	…

| Diebe – Dinge | Fieber – Finger | Lippe – Liebe |
| Spinne – Spiele | Tiere – Tinte | Wippe – Wiege |

DU ICH

6 Schreibe die Wörter. Zeichne Silbenbögen.
Steht in der Lücke ie oder i?
Besprich dich mit deinem Partnerkind: Wiese, …

W___se Br___fe B___lder Sch___ffe Sp___gel Br___lle P___nsel

7 Finde zu jedem Satzanfang das passende Ende. Markiere ie:
Anna und Leon spielen gerne …

Anna und Leon	jedes Wetter.
Sie lieben	über Pfützen zu springen.
Bei Sonnenschein liegen sie	spielen gerne im Freien.
Bei Regen probieren sie	lassen sie die Drachen fliegen.
Bei Sturm	auf der Blumenwiese.

Wörter mit Doppelkonsonanten

1 Finde Reimpaare. Markiere die Doppelkonsonanten:
Kanne – Pfanne – Schlüssel – ...

Kanne	Schlüssel	Tasse	Teller	Kasse
	Keller		Rüssel	Pfanne

2 Bilde aus den Silben Wörter. Zeichne Silbenbögen.
Vergleiche dein Ergebnis mit deinem Partnerkind:
Betten, ...

Bet	Ham	Schlit	Lap	Tep	Kof
pich	ten	pen	fer	mer	ten

3 Schreibe den Text mit den passenden Wörtern.
Markiere die Doppelkonsonanten:
Es ist Sonntag.

Mittagessen • Teller • Esszimmer • Mutter • Sonntag • Messer

Es ist ▢.
Heute kocht Papa das ▢.
Jan und seine ▢ sind im ▢.
Mama holt die ▢ aus dem Schrank,
Jan bringt die ▢ und die Gabeln.

Wörter mit **Doppelkonsonanten ff, ll, mm, nn, pp, rr, ss** und **tt**
werden oft zwischen den Konsonanten getrennt:
der Tel-ler, die Sup-pe.

4 Wo kannst du die Wörter trennen?
Besprich dich mit deinem Partnerkind.

| Suppenlöffel | Salatschüssel | Wasserglas | Milchkanne |

5 Schreibe die Wörter aus Aufgabe 4. Zeichne Silbenbögen.

6 Schreibe die Sätze mit den passenden Wörtern.
Markiere die Doppelkonsonanten:
Hanna und Tom bekommen zwei Hasen. …

Hanna und Tom ☐ zwei Hasen.
Sie ☐ die Tiere jeden Tag ☐.
Die Hasen ☐ gerne Gras.
Manchmal ☐ sie auch eine ☐.
Zum Trinken ☐ Hanna und Tom ihnen
eine Schale mit ☐ in den ☐.

füttern	bekommen
Wasser	Stall
knabbern	stellen
Karotte	müssen	fressen

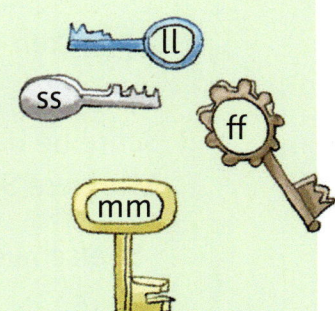

7 Welcher Schlüssel passt zu welcher Tür?
Schreibe die Wörter auf: offen, …

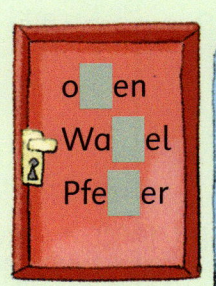

o☐en
Wa☐el
Pfe☐er

Nu☐er
Zi☐er
i☐er

mü☐en
Se☐el
Wa☐er

Fü☐er
a☐e
ro☐en

ll
ss
ff
mm

8 Betrachte die Bilder. Schreibe die passenden Wörter.
Markiere die Doppelkonsonanten: Kartoffel, …

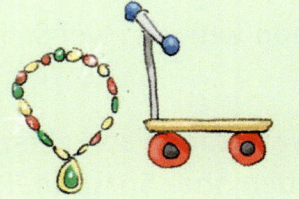

Wörter mit Sp/sp und St/st

1 Welche Wörter hat die Riesenschlange verschlungen?
Schreibe sie auf. Markiere Sp und St. Zeichne Silbenbögen:
Spargel, Streich, ...

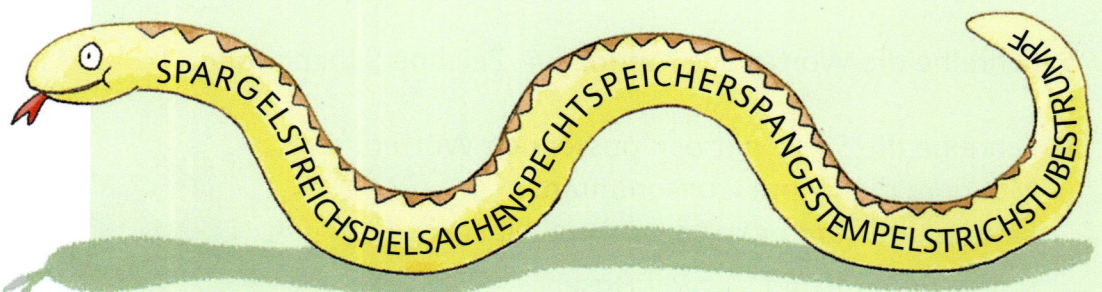

2 Sp/sp oder St/st? Ordne zu.
Vergleiche dein Ergebnis mit deinem Partnerkind.

Sp/sp	St/st
spazieren	Stein
...	...

azieren   iegel   ein   ark   olpern

ucken   reifen   litter   enden   reit

3 Schreibe die Sätze mit den passenden Wörtern.
Markiere Sp/sp und St/st: Meine Stiefschwester ...

> Stiefschwester • Spuren • Stiefel • Strümpfen • spazieren • stecken

Meine ▢ und ich gingen gestern ▢.

Als wir die ▢ eines Tieres sahen, liefen wir ihnen nach.

Doch meine ▢ blieben im matschigen Boden ▢.

Schon war ich zwei Schritte in ▢ gegangen.

Am Wortanfang sprechen wir **schp** und **scht**,
schreiben aber **Sp/sp** und **St/st**: das **Sp**iel, der **St**ein.

4 Was machen Anja und Jule gerne?
Schreibe die Sätze auf.
Markiere Sp/sp und St/st:
Anja und Jule laufen gerne ...

auf Stelzen laufen	im Sportunterricht einen Spagat zeigen
Sterne für das Fenster basteln	Spiegelbilder aus Tinte herstellen
die Spardose zur Sparkasse bringen	Hundewelpen streicheln

5 Bilde aus den Silben Wörter. Markiere Sp und St.
Vergleiche dein Ergebnis mit deinem Partnerkind:
Sprache, ...

Spra	Spin	Stra	Spu	Sta	Stun
ren	chel	de	che	ne	fe

6 Ordne die Wörter nach Wortarten.
Markiere Sp/sp und St/st. Vergleiche
dein Ergebnis mit deinem Partnerkind:
Nomen: der Stundenplan, ...
Verben: ...

Sporttasche	sparen	Stundenplan	sprechen
stolpern	Stimme	spielen	Spiegelei

7 Was machst du manchmal, oft oder nie? Schreibe Sätze:
Manchmal springe ich in eine Regenpfütze. ...

springen	streiten	steigen	stehen	spritzen

Wörter mit nk und ng

1 Ordne die Wörter mit ng und nk in die Tabelle:

ng	nk
singen	...

trinken

bringen

krank

danken

singen

Bank

denken

Vorhang

Einladung

Ring

eng

Junge

Schrank

2 Was machen die Kinder? Schreibe die Sätze
mit den passenden Verben. Markiere ng und nk:
Lea und Max winken sich fröhlich zu.

springen • denken • winken

zanken • schenken • schwingen

Sofia und Max ▮ sich fröhlich zu.
Vergnügt ▮ Jonas hoch in die Luft.
Lea ▮ Lukas einen Strauß Pusteblumen.
Mia und Tom ▮ sich um ein blaues Auto.
Hanna ▮ mit ihrer rechten Hand Silben.
Paul ▮ über eine schwere Frage nach.

3 Sprich die Wörter deutlich. Schreibe sie auf. Markiere ng und nk. Vergleiche den Ergebnis mit deinem Partnerkind: Junge, …

 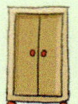   

4 Schreibe die Geschichte auf. Ergänze die Wörter.
Markiere nk und ng:
Zum Geburtstag bekommt Paul ein Geschenk von seinem …

Geschenk • Steuerung • Verpackung • Landung • Überraschung

danken • Schwung • wanken • Onkel • Spannung • lenken • Achtung

Zum Geburtstag bekommt Paul ein ▇ von seinem ▇ Leon.
Vorsichtig nimmt Paul es aus seiner roten ▇. Ein Flugzeug!
Mit großer Freude ▇ Paul seinem Onkel für diese tolle ▇.
Dann macht er einen Testflug: Er ▇ das Flugzeug mit der
großen ▇. Sofia und Leon schauen mit ▇ zu. Aber dann ▇ das
Flugzeug plötzlich in der Luft hin und her. Sofia ruft noch „▇!"
Doch zu spät! Mit viel ▇ kommt das Flugzeug im
Geburtstagskuchen zur ▇.

Wörter mit ck und tz

1 Finde Reimpaare. Markiere ck und tz:

Bock – Rock, …

Flocken

Bock

Pfütze

Tatze

Witz

2 Schwinge die Wörter. Ordne die Wörter nach ck und tz:

ck	tz
Sack	…

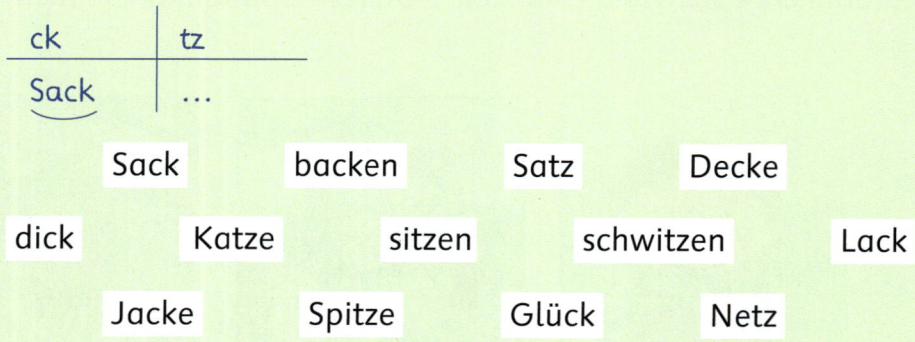

Sack   backen   Satz   Decke

dick   Katze   sitzen   schwitzen   Lack

Jacke   Spitze   Glück   Netz

3 Schwinge die Silben. Hörst du einen kurzen oder einen langen Vokal? Schreibe auf. Vergleiche dein Ergebnis mit deinem Partnerkind: Schnecke, …

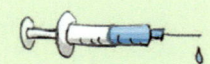

Hörst du nach einem kurzen Vokal oder Umlaut ein **k**, schreibst du **ck**.
Hörst du **z**, schreibst du **tz**: die Brücke, backen, die Katze, sitzen.

4 Ergänze die passenden Wörter. Markiere ck und tz:
Oma Lotta strickt einen pinken Schal. ...

packen • kratzen • Lack • Steinbock • jucken • dick • stricken • Tatzen

Oma Lotta ▯ einen pinken Schal.

Familie Mayer ▯ ihre Sachen für den See.

Der ▯ Herr Schmidt steht auf der Wage.

Die Gepard hat scharfe Krallen an seinen ▯.

In den Bergen steht ein großer ▯ auf einem Fels.

Max ▯ ein Mückenstich. Ständig muss er sich ▯.

Tante Sahra hat roten ▯ auf den Fingernägeln.

5 Schreibe die Geschichte auf. Ergänze die Wörter.
Markiere ck und tz: Paul und Nina sitzen am Tisch ...

Schutz • sitzen • stecken • Blitz • trocknen • Schreck • Fleck

Missgeschick • Glück • Pfütze • spritzen

Paul und Nina ▯ am Tisch und malen.

Zum ▯ vor Farbe tragen sie Malkittel.

Auf den Kitteln sind bunte ▯.

Paul will gerade den Pinsel

in sein Glas ▯. Da passiert Nina ein ▯: Sie stößt ihr Glas um

und das Wasser ▯ in alle Richtungen. Was für ein ▯!

Schnell wie ein ▯ greift Paul nach Ninas Glas.

Puh, noch einmal ▯ gehabt! Es ist nur ein wenig Wasser

auf dem Papier gelandet. Die kleine ▯ wird schnell ▯!

Wörter mit b, d, g verlängern

1 Lies den Text.

Es war einmal ein kleiner König.
Er lebte in einer schönen Burg.
Sie stand auf einem hohen Berg.
An einem sonnigen Tag ritt der König
auf seinem Pferd tief in den Wald.
Auf dem Weg traf er einen Zwerg
mit einem magischen Zauberstab.

 2 Suche zu den Verlängerungen die passenden Wörter im Text.
Markiere die schwierigen Stellen. Vergleiche dein Ergebnis
mit deinem Partnerkind:
der Berg – die Berge, …

Berge	Wege	Tage
Zwerge	Könige	Burgen
Pferde	Wälder	Zauberstäbe

 3 Finde die Wortpaare. Markiere die schwierigen Stellen.
Vergleiche dein Ergebnis mit deinem Partnerkind:
die Stäbe – der Stab, …

Stäbe • Kälber • Hunde Kleider • Lieder Monde • Berge • Pferde	Kleid • Berg • Kalb Hund • Stab Mond • Lied • Pferd

> **Verlängern** hilft beim richtigen Schreiben von
> **b** oder **p**, **d** oder **t**, **g** oder **k** am Wortende:
> der Ta**g** – die Ta**g**e, das Bil**d** – die Bil**d**er, gel**b** – die gel**b**e Sonne.

4 Verlängere die Wörter. Markiere die schwierigen Stellen.
Vergleiche dein Ergebnis mit deinem Partnerkind:
der Zug – die Züge, …

Zu☐   Fel☐   Stra☐   Sie☐   Lan☐   Kor☐

5 Verlängere auch diese Wörter. Markiere die
schwierigen Stellen: das wilde Tier – wild, …

wil☐   spannen☐   gifti☐   kran☐

bun☐   klu☐   drecki☐   star☐

> Kind • Tier • Buch • Fliegenpilz
> Hose • Oma • Schmetterling • Löwe

6 Auch Verben kannst du verlängern. Bilde die Wir-Form.
Schreibe den richtigen Buchstaben: wir trinken – er trinkt, …

er trin [g/k] t   sie zei [g/k] t   er fra [g/k] t   er blei [b/p] t   sie gi [b/p] t

sie ü [b/p] t   er schrei [b/p] t   sie sag [g/k] t   er le [g/k] t   er le [b/p] t

7 Finde die passenden Nomen. Schreibe Einzahl und Mehrzahl auf.
Markiere die schwierigen Stellen: der Zwerg – die Zwerge, …

     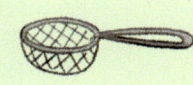  

Wörter mit ä und äu ableiten

1 Wie viele sind es? Zähle genau.
Markiere in jedem Wort ä oder äu: 7 Räder, …

> Rad • Apfel • Blatt • Schwanz • Maus • Haus • Baum

2 Finde zu den Wörtern mit ä und äu
ein verwandtes Wort mit a oder au.
Markiere ä – a und äu – au: die Fäden – der Faden, …

Fäden	Gräser	Bäuche	Kästen	Zäune
Nägel	Mäntel	Hände	Fäuste	Läuse

> Man schreibt ein Wort mit **ä** oder **äu**, wenn es ein **verwandtes Wort**
> mit **a** oder **au** gibt: die **Ä**pfel – der **A**pfel, tr**äu**men – Tr**au**m.

3 Finde verwandte Wörter. Markiere ä – a und äu – au:
aufräumen – der Raum, ...

aufräumen • quälen beschädigen • anhäufen färben • täuschen	Farbe • Haufen Qual • Tausch Schaden • Raum

4 Finde verwandte Wörter mit a und au:
erklären – klar, ...

erklären	bräunen	lächeln	läuten
säubern	schäumen	stärken	wärmen

5 Finde verwandte Wörter mit a und au:
enttäuschen – der Tausch, ...

enttäuschen	Gebäude	Jäger	kämpfen	Kräuter
glänzen	Räuber	Siebenschläfer	Stärke	träumen

6 Schreibe den Text in der Ich-Form in dein Heft:
Heute schlafe ich in der ...

Heute schläft Jonas in der Hängematte.
Er hält ein Kuscheltier im Arm.
Im Traum läuft er mit Tobias um die Wette.
Auf einmal macht es plumps!
Jonas fällt zu Boden.
Zuerst ist er erschrocken,
doch kurz darauf fängt er an zu lachen.

7 In deinem Text steht jetzt noch ein ä-Wort. Schreibe es heraus.
Suche ein verwandtes Wort mit a.

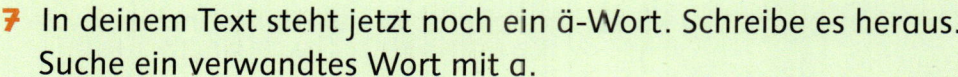

Wörter mit V/v

1 Lies den Vers. Schreibe alle Wörter mit V/v auf: Vater, ...

Ich bin im retaV und im legoV.

Ich bin in leiv und auch im heiV.

Ich stehe nrov in mov, nov, rov

und auch in llov ssigrev mich nie.

Du siehst mich hier in reiv und nehclieV

und jetzt übe mal ein Weilchen.

2 Bilde Wörter mit den Wortbausteinen vor- und ver-: verstecken, ...

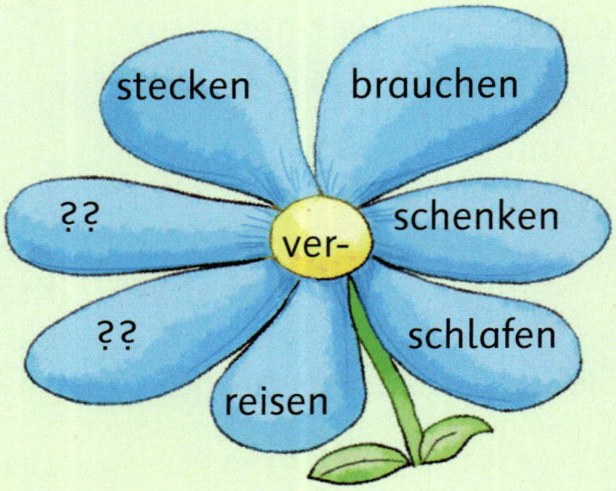

stecken brauchen
??
ver-
schenken
??
schlafen
reisen

zeigen kommen
??
vor-
machen
??
turnen
singen

3 Schreibe die Purzelwörter richtig auf.
Markiere V/v: Pulver, ...

P e r l u v

K e v r u

Vor- und ver-
schreibt man
mit v!

l e P o r u v

m L v i o k o t o e

V i m a r p

Der Konsonant **V/v** klingt manchmal wie **w** und manchmal wie **f**:
die **V**ase, der **V**ogel.

---

4 Klingt das V wie bei Vampir oder wie bei Vogel?
Sprich die Wörter. Ordne sie in die Tabelle.
Vergleiche dein Ergebnis mit deinem Partnerkind.

Vampir 	Vogel
Olive	...

Olive	brav	Vanille	Vase
Vers	Ventil	Vollmilch	Vulkan

5 Bilde einen Satz mit möglichst vielen Wörtern mit V und v:
Vater verbringt viele Vormittage nervös
mit der Vorbereitung von Vanillepudding.

6 Schreibe den Text mit den passenden Wörtern.
Markiere V und v: Heute ist Vollmond. Jan und ...

nervös	Pullover	veranstaltet

brav	Vollmond	von	vielleicht

Heute ist ▢. Jan und sein Bruder Tim schlafen ▢.

Auf einmal wacht Jan ▢ einem leisen Rascheln auf.

Was ▢ sein Bruder da? Jan ist ▢.

Im hellen Schein bemerkt er,

wie Tim seinen ▢ überstreift.

Ob sein Bruder ▢ im Schlaf wandelt?

Schon lacht Tim los:

Er wollte Jan nur erschrecken.

Wörter mit stummem h

1 Welche Wörter hat die Riesenschlange verschlungen?
Schreibe die Wörter auf. Markiere das stumme h: Uhr, …

UHRNEHMENFRÜHLINGOHNESONNENSTRAHLOHRSOHLESOHNMEHLHAHN

2 Finde die Wortpaare mit dem gleichen Wortstamm:
anlehnen – Lehne, …

| anlehnen | bohren | Jahreszeit | wohnen | Zahnschmerz |

| Wohnung | Lehne | Löwenzahn | Schuljahr | Elektrobohrer |

3 Schreibe den Text mit den passenden Wörtern.
Markiere in jedem eingesetzten Wort das stumme h:
Die Klasse 2a spielt Theater. Die Lehrerin …

| Aufführung | Bühne | Erzählerin | ihre |

| Lehrerin | Lehrling | sehr |

Die Klasse 2a spielt Theater.
Die ▢ teilt die Rollen ein.
Leon ist der Zauberer,
Paul der ▢ und Nele die ▢.
Zur ▢ werden die Eltern eingeladen.
Die Kinder kommen auf die ▢.
Alle spielen ▢ Rollen ▢ gut.

Manche Wörter haben ein **h**, das man beim Sprechen nicht hören kann.
Wörter mit **stummem h** musst du dir gut merken: Frühling, zahlen, sehr.

4 Ordne die Wörter nach ihrem Wortstamm.
Unterstreiche den Wortstamm:
<u>Bahn</u>hof, ...
<u>Wahr</u>heit, ...

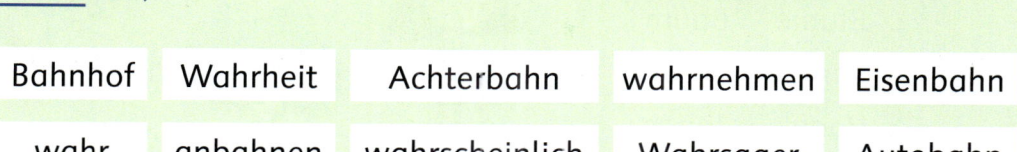

Bahnhof	Wahrheit	Achterbahn	wahrnehmen	Eisenbahn
wahr	anbahnen	wahrscheinlich	Wahrsager	Autobahn

5 Bilde Wörter. Markiere in jedem Wort das stumme h: Höhle, ...

Höh-	Sah-	Kühl-	Nah-	Ge-	Feh-	Mehr-	Strah-
heit	rung	le	ler	len	schrank	fahr	ne

6 Schreibe die Wörter richtig. Zu jedem Wort findest du
ein passendes Bild: Feuerwehr, ...

ERWEHRFEU	SONSTRAHLENNEN	BAHNTENSCHLIT
SERHAHNWAS	PENENBOHSUP	BILRAHDERMEN

7 Ordne die Wörter. Unterstreiche die Wortstämme:
<u>führ</u>: Auf<u>führ</u>ung, ... <u>kehr</u>: ... <u>rühr</u>: ...

Aufführung	Rückkehr	entführen	anrühren
Berührung	Verkehr	Kehrbesen	rührend
Führerschein	umkehren	Rührlöffel	führen

Nomen

1 Schreibe zu jedem Bild das passende Nomen.
Denke an den großen Anfangsbuchstaben:
Bild 1: Frau, Bild 2: ...

Blume	Baum
Lampe	Frau
Vogel	Junge
Fisch	Hose

2 Ordne die Nomen aus Aufgabe 1.
Markiere alle großen Anfangsbuchstaben.
Vergleiche dein Ergebnis mit deinem Partnerkind:
Menschen: Frau, ...   Pflanzen: ...
Tiere: ...   Dinge: ...

3 Ergänze die fehlenden Anfangsbuchstaben der Nomen.
Schreibe den vollständigen Text:
Niklas und ...

     iklas und sein   ruder sitzen
vor dem   ernseher
und gucken einen   ilm mit   äubern.
Plötzlich knackt es vor dem   enster.
Was war das? Auch ein   äuber?
Nein, die   atze ist auf
das   ensterbrett gesprungen.

> Wörter für Menschen, Tiere, Pflanzen und Dinge nennt man **Nomen**.
> Nomen werden immer **großgeschrieben**: **K**ind, **T**iger, **T**ulpe, **B**all.

4 Was siehst du auf dem Bild?
Schreibe möglichst viele Nomen auf: Roller, …

5 Sucht Nomen mit diesen Anfangsbuchstaben und schreibt sie auf:
Igel, …

I L B R T V K H M

6 Finde für jede Zeile weitere Nomen. Die Wörterliste hilft:
Menschen: Mädchen, …
Tiere: …
Pflanzen: …
Dinge: …

7 Schreibe den Text ab. Ersetze die Bilder durch Nomen.
Denke an den großen Anfangsbuchstaben: Minka ist …

Minka ist eine neugierige .
Jeden Morgen springt sie auf die
vor dem .
Dort beobachtet sie die
Sobald sie aber mit ihrer
einen erschnuppert, läuft sie schnell
zum Fressen zurück in die .

Artikel

1 Schreibe die Nomen mit dem Artikel **der**, **die** oder **das**.
Vergleiche dein Ergebnis mit deinem Partnerkind.
das Kamel, …

▮ Kamel	▮ Gemüse	▮ Blume	▮ Heft
▮ Vogel	▮ Kerze	▮ Nase	▮ Stern

2 Erkennst du die Nomen?
Schreibe sie mit dem Artikel **ein** oder **eine** auf
Vergleiche dein Ergebnis mit deinem Partnerkind:
eine Kiste, …

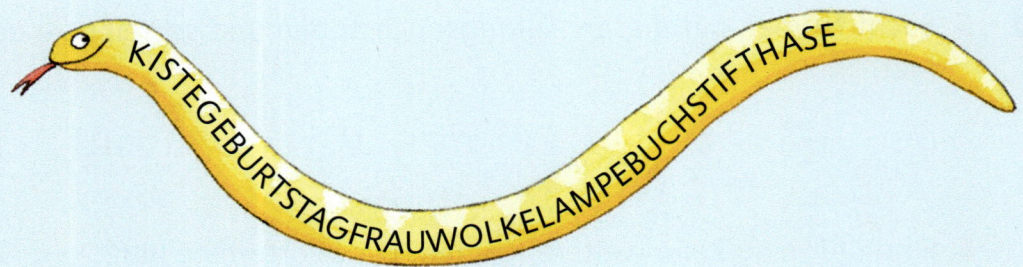

KISTEGEBURTSTAGFRAUWOLKELAMPEBUCHSTIFTHASE

3 Schreibe den Text mit den Artikeln **der**, **die** oder **das**.
Unterstreiche alle Artikel:
Heute muss Pia <u>das</u> Zimmer aufräumen.

Heute muss Pia ▮ Zimmer aufräumen.

In ▮ Regal kommen

▮ Puppe und ▮ Buch.

Auf ▮ Bett gehört ▮ Stoffhund.

Pia hat sich ▮ Eis als Belohnung

wirklich verdient.

> Nomen haben Begleiter. Sie heißen **Artikel**.
> Artikel der, die, das: **der** Teller, **die** Suppe, **das** Glas.
> Artikel ein, eine: **ein** Mond, **eine** Sonne.

DU
ICH

4 Setze die Nomen zusammen. Schreibe sie mit dem Artikel auf.
Vergleiche dein Ergebnis mit deinem Partnerkind: der Salat, …

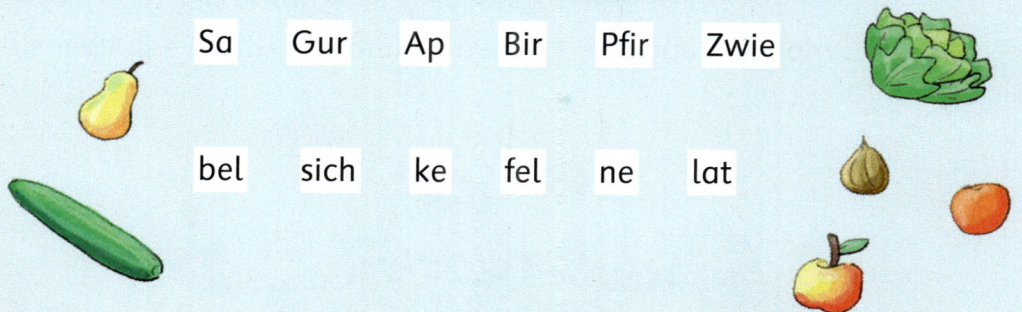

Sa	Gur	Ap	Bir	Pfir	Zwie

bel	sich	ke	fel	ne	lat

5 Schreibe nur die Dinge auf, die in eine Spielkiste gehören.
Ergänze den Artikel **der**, **die** oder **das**:
der Ball, …

G

6 Wie wurden die Kisten zusammengestellt?
Besprecht euch in der Gruppe.

Kran
Ball
Würfel

Puppe
Feder
Bürste

Auto
Boot
Puppenkleid

7 Schreibe die Nomen aus den Kisten mit den passenden Artikeln ab.
Denke dir zu jeder Kiste noch weitere Nomen aus:
Kiste 1: der Kran, …
Kiste 2: …
…

Einzahl und Mehrzahl

1 Was siehst du wie oft? Schreibe die Wörter
und die Anzahl auf: 3 Lampen, …

Lampen • Puppen • Taschen • Blumen • Hosen • Bücher • Bausteine

2 Schreibe die Nomen in der Einzahl und der Mehrzahl auf:
die Katze – die Katzen, …

die Katze – die

der Schuh – die

das Schiff – die

die Wolke – die

der Fisch – die

das Auto – die

3 In der Schlange haben sich Nomen versteckt.
Schreibe sie mit Artikel ab und finde dazu die Einzahl:
die Hefte – das Heft, …

HEFTETISCHEFRAUENRINGEHAAREBLUMENBRÜCKENKINDERSTERNE

Nomen gibt es in der **Einzahl** und in der **Mehrzahl**.
Der Artikel in der Mehrzahl heißt immer **die**.
das Brot – **die** Brote, der Apfel – **die** Äpfel.

4 In jeder Reihe steht ein Nomen in der Einzahl. Schreibe nur
die Nomen in der Mehrzahl mit dem Artikel auf: die Schiffe, ...

Schiffe • Hosen • Gärten • Lieder • Tische • Pflanze

Papiere • Namen • Schwestern • Zahl • Tüten

Häuser • Taschen • Sätze • Katze • Schüsseln • Kreise

Wiese • Schuhe • Kinder • Köpfe • Männer • Haare

5 Schreibe nur die Nomen aus dem Text auf,
die in der Einzahl stehen: Timo, Oma, ...

Timo schreibt seiner Oma einen Brief.
Er holt sich bunte Stifte und ein weißes Blatt.
Zuerst malt er Blumen und seine Katze.
Dann schreibt er von der Aufführung
in der Schule, bei der er ein Ritter war.
Seine Mutter hat davon viele Fotos gemacht.
Eins davon steckt er mit in den Umschlag.

6 Schreibe zur Einzahl die Mehrzahl auf. Was fällt dir auf?
der Koffer – die Koffer, ...

Koffer • Kuchen • Lehrer • Löffel • Mädchen • Messer

7 Schreibe nur die drei Sätze ab,
in denen **alle** Nomen in der Mehrzahl stehen.

Alina liest gern ein Buch auf dem Bett.

Die Lampen auf den Tischen leuchten hell.

Auf der Straße spielen Kinder mit Bällen.

In Zoos schlafen einige Tiere in Käfigen.

In den Klassenräumen stellen wir unsere Taschen neben die Tische.

Zusammengesetzte Nomen

1 Aus zwei Nomen kann ein Nomen werden.
Schreibe die zusammengesetzten Nomen mit Artikel auf:
das Obst, die Torte: die Obsttorte, …

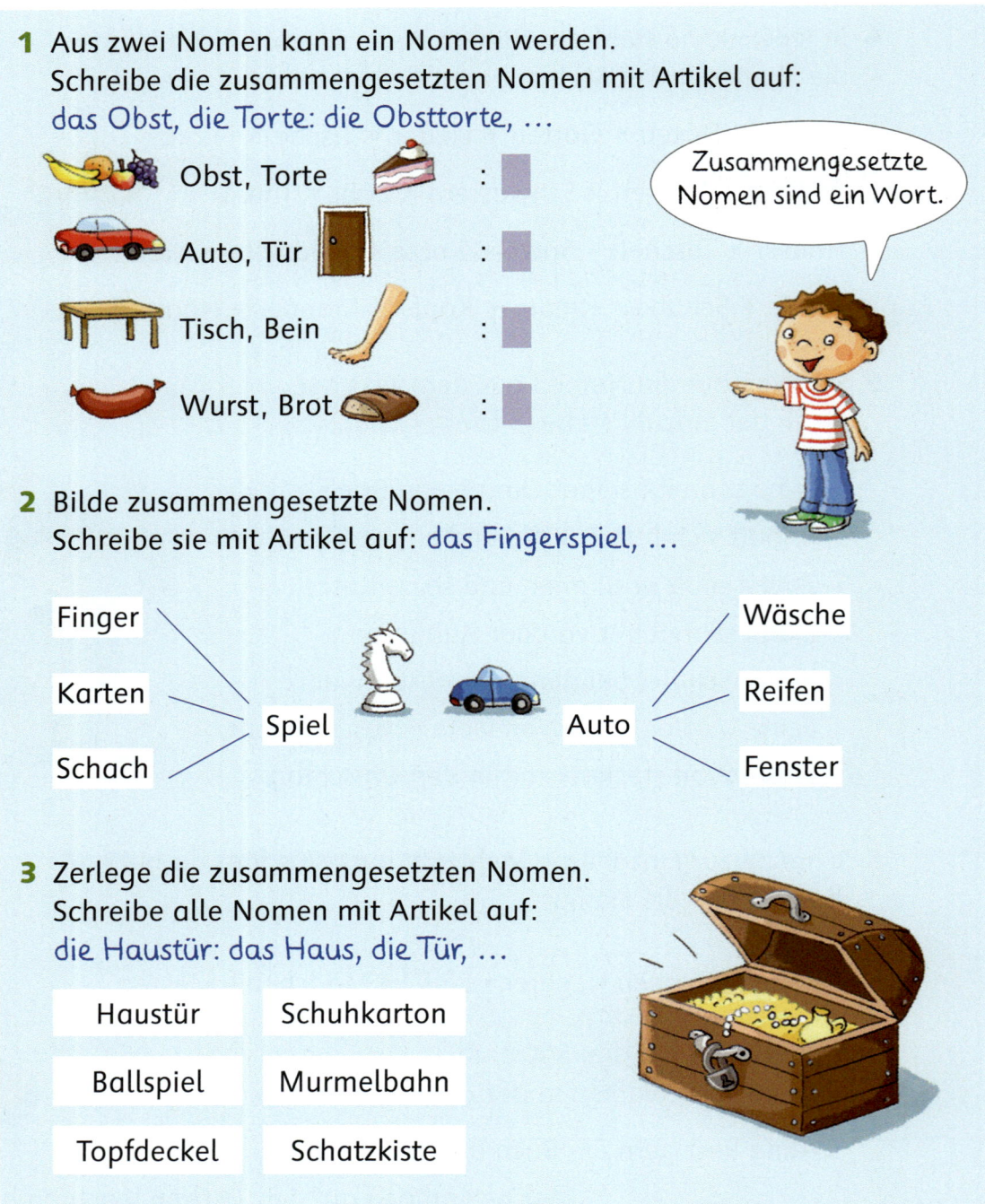

Obst, Torte :

Auto, Tür :

Tisch, Bein :

Wurst, Brot :

> Zusammengesetzte Nomen sind ein Wort.

2 Bilde zusammengesetzte Nomen.
Schreibe sie mit Artikel auf: das Fingerspiel, …

Finger

Karten

Schach

Spiel

Auto

Wäsche

Reifen

Fenster

3 Zerlege die zusammengesetzten Nomen.
Schreibe alle Nomen mit Artikel auf:
die Haustür: das Haus, die Tür, …

Haustür	Schuhkarton
Ballspiel	Murmelbahn
Topfdeckel	Schatzkiste

Manche Nomen kann man zusammensetzen.
Mit **zusammengesetzten Nomen** kann man sich
genauer ausdrücken: der Sommer, der Tag: **der Sommertag**.

4 Schreibe die Sätze vollständig auf:
Ein Buch mit Bildern ist ein Bilderbuch.

Ein Buch mit Bildern ist ein ▮ .

Ein Eimer für den Müll ist ein ▮ .

Ein Glas für Saft ist ein ▮ .

Ein Löffel zum Kochen ist ein ▮ .

Ein Haus für Hexen ist ein ▮ .

5 Bilde zusammengesetzte Nomen:
Handball, Ballspiel, …

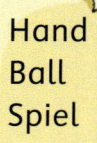

| Hand Ball Spiel | Vanille Pudding Pulver | Wörter Buch Seite | Apfel Saft ?? | Kinder ?? ?? |

6 Finde die zusammengesetzten Nomen im Text.
Schreibe sie mit Artikel heraus und zerlege sie:
die Kinderbücherei: die Kinder, die Bücherei, …

Die Klasse 2a geht in die Kinderbücherei.

Dort gibt es viele Kinderbücher, CDs und Computerspiele.

Alle Kinder kommen in die Sofaecke!, sagt Frau Müller.

Lea und Kai lesen in einem Märchenbuch.

Johanna entdeckt ein Witzebuch.

Jan mag am liebsten ein Abenteuerbuch.

7 Finde die zusammengesetzten Nomen zu den Bildern:
der Strohstern: das Stroh, der Stern, …

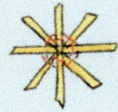    

Verben

1 Ordne den Bildern die passenden Verben zu:
Autos fahren, …

fahren
bellen
spielen
riechen
spuken
schneiden

2 Was tun Kinder in der Schule? Schreibe auf:
Die Kinder in der Schule schreiben, …

schreiben • fliegen • malen • lernen • lesen
hupen • lachen • essen • turnen

3 Schreibe die Nachricht mit den passenden Verben:
Hallo Lucie!
Wir gehen heute …

essen
gehen
freuen
toben
schauen

Hallo Lucie!

Wir ▭ heute in den Zoo.

Wir ▭ uns die Tiere an

und ▭ ein Eis.

Später ▭ wir auf dem Spielplatz.

Ich ▭ mich auf die Affen.

Viele Grüße!

Dein Jonas

Verben sagen, was Menschen, Tiere, Pflanzen und Dinge tun.
Im Wörterbuch stehen sie in der Grundform: spielen, rennen, fressen, fliegen. Sie verändern sich, wenn man **ich, du, er/sie/es, ihr, wir, sie** davor setzt: **ich** spiel**e, du** spiel**st, er** spiel**t,** …

4 Was tut Max oft? Schreibe Sätze zu den Bildern:
Max badet oft. Max …

baden   malen   hüpfen

reiten   pfeifen   kochen

5 Was tust du gerne? Schreibe Sätze mit **Ich**:
Ich bade gerne. Ich …

6 Welche Verben fehlen? Schreibe die Sätze vollständig ab.
Vergleiche dein Ergebnis mit deinem Partnerkind.

Die Pferde ▮ Hafer.
Die Schnecken ▮ über den Boden.
Die Katze ▮ auf den Baum.
Die Mücke ▮ durch das Zimmer.
Die Kuh ▮ im Stall.
Der Fisch ▮ im Wasser.

7 Verben können sich verändern.
Finde die passenden Verbformen: ich schlafe, du …

ich • du • er • wir
ihr • Max und Lea

schlafe • schläfst • schläft
schlafen • schlaft • schlafen

Adjektive

1 Schreibe den Text ab. Unterstreiche die Adjektive:
Der Clown ist <u>dünn</u>. Seine …

Der Clown ist dünn.

Seine Haare sind rot.

Seine Schuhe sind groß.

Seine Hose ist blau.

Seine Brille ist kaputt.

2 Wie sind diese Dinge?
Schreibe ein passendes Adjektiv auf:
Nadel – spitz, Zitrone – …

gelb
rund
spitz
kalt
heiß
nass
eckig

DU ICH

3 Finde die Gegensatzpaare.
Vergleiche dein Ergebis mit deinem Partnerkind.
jung – alt, …

jung	hell	billig		klein	dunkel	alt
warm	groß	weich		kalt	hart	teuer

Wörter, die sagen, wie etwas ist, nennt man **Adjektive**: klein, rot, schön.

4 Schreibe zu jedem Bild einen Satz. Beschreibe genau:
Die Schnecke ist langsam. Das Messer …

5 Finde zu jedem Wort den Gegensatz:
krank – gesund, …

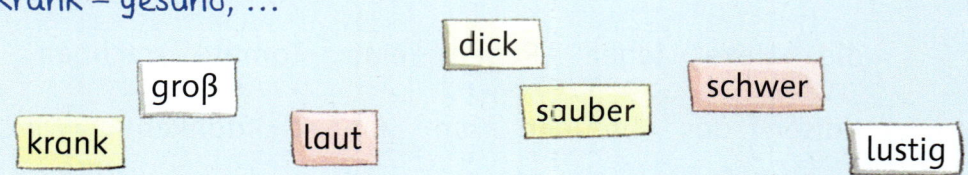

dick

groß

schwer

krank   laut   sauber   lustig

6 Schreibe die Wortpaare richtig auf: die spannende Aufgabe, …

Aufgabe – spannend   Bücher – schwer

Stimme – laut   Pferd – schnell

Tisch – niedrig   Glas – leer

Witz – lustig   Weg – weit

7 Ergänze die Adjektive.
Das kleine Mädchen läuft …

Das   Mädchen läuft am Abend auf der Straße.

Es ist schon   . Die Straßenlampen leuchten   .

Da kommt ein   Auto. Es bremst   .

Der Autofahrer ruft   :

Geh   von der Straße!

Ab heute will das Mädchen   sein,

wenn es über die   Straße geht.

dunkel

klein

groß

schnell

vielseitig

breit

hell

8 Warum hast du die Adjektive an diese Stelle gesetzt? Begründe.
Vergleiche dein Ergebnis mit deinem Partnerkind.

DU ICH

Wortarten bestimmen

1 Zeichne eine Tabelle mit drei Spalten. Bestimme
die Wortarten. Ordne die Wörter in die Tabelle:

Nomen	Artikel	Verben
Apfel	der	springen

Apfel springen der Junge regnen stehen

die Hexe leben Regen eine Tomate rechnen

Kaiser das brennen ein Ameise danken

2 Schreibe alle Sätze richtig auf.
Denke an die Groß- und Kleinschreibung: Siehst du …

DAS IST EIN MARIENKÄFER.

WOLLEN WIR DIE PUNKTE ZÄHLEN?

IST DER SÜSS!

SIEHST DU DAS TIER AUF DER BLUME?

DAS IST EINE GUTE IDEE.

TRAUST DU DICH, IHN AUF DIE HAND ZU NEHMEN?

DU
ICH

3 Vergleiche deine Sätze mit deinem Partnerkind.
Welche Wörter hast du groß geschrieben, welche klein? Begründe.

4 Bestimme die Wortarten in deinem Text aus Aufgabe 2.
Schreibe die Nomen, Artikel und Verben auf:
Nomen: Tier, Blume, …
Artikel: das, der …
Verben: siehst, …

5 Hier sind fünf Sätze versteckt. Schreibe sie richtig auf.
Achte auf die Groß- und Kleinschreibung: Lesen ist …

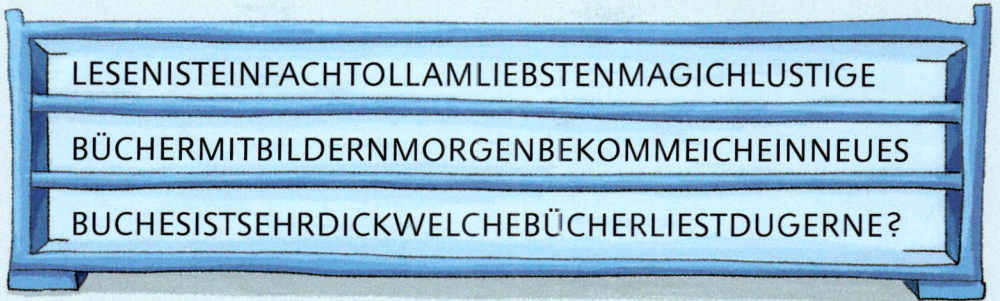

LESENISTEINFACHTOLLAMLIEBSTENMAGICHLUSTIGE

BÜCHERMITBILDERNMORGENBEKOMMEICHEINNEUES

BUCHESISTSEHRDICKWELCHEBÜCHERLIESTDUGERNE?

DU ICH

6 Finde alle Nomen. Woran erkennst du sie?
Besprich dich mit deinem Partnerkind.

LESERATTE

DER

SCHÖN   MALT   REGAL

BÜCHERWURM   ABENTEUERBUCH   SEITE

BUCHSTABE   SCHÖN   BRILLE

SCHREIBEN

ICH LESE   GESCHICHTE

7 Schreibe alle Nomen aus Aufgabe 6 mit Artikel
in der Einzahl und Mehrzahl auf:

Einzahl	Mehrzahl
das Regal	die Regale

8 Welches Wort passt nicht in die Reihe? Finde heraus, warum.
Schreibe nur die passenden Wörter auf:
Nomen: Himmel, …

HIMMEL • HUND • STUNDE • BEIN • EIN • KINDER

DER • DIE • DIEB • EINE • EIN • DAS

LAUFEN • BESEN • REISEN • LACHEN • HELFEN

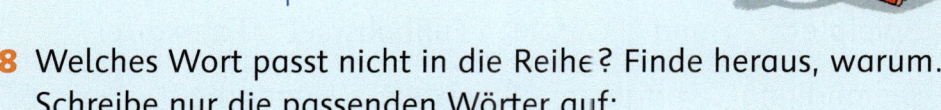

Wortstamm

1 Bilde Wörter. Unterstreiche den Wortstamm **Freund**:
die <u>Freund</u>lichkeit, ...

Freund
- lichkeit
- e
- schaft
- in
- schaftsspiel

2 Bilde Wörter. Unterstreiche den Wortstamm **stimm**:
<u>stimm</u>los, ...

ab
be
Tier   stimm
Vogel
Kinder

- e
- en
- t
- los

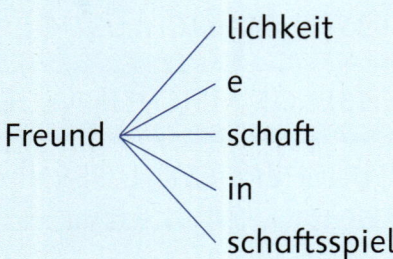

3 Ordne die Wörter nach ihrem Wortstamm.
Unterstreiche die Wortstämme **spiel**, **hand** und **fahr**.
Vergleiche dein Ergebnis mit deinem Partnerkind:
<u>spiel</u>: <u>Spiel</u>platz, ...
<u>hand</u>: ..., <u>fahr</u>: ...

Spielplatz Hand Gefahr Fußballspiel Fahrkarte

Behandlung verfahren Spielstein Handarbeit

spielen Handtuch Spieler Ausfahrt spielerisch

verhandeln Einfahrt Spielzeug überfahren

> Jedes Wort hat einen **Wortstamm**. Dieser Wortbaustein bleibt meist gleich. Verwandte Wörter haben den gleichen Wortstamm:
> ein**pflanz**en, Topf**pflanz**e, **Pflanz**enname.

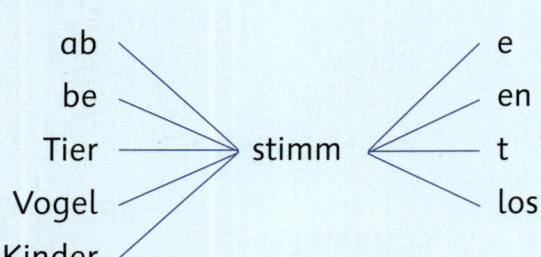

4 Finde in den Sätzen alle verwandten Wörter.
Unterstreiche den Wortstamm: <u>Besteck</u>, …

Messer, Gabel und Löffel nennt man Besteck.

Für Stecker gibt es an den Wänden Steckdosen.

Oma möchte sich eine Brosche anstecken.

Eine Nadel mit Kopf ist eine Stecknadel.

DU
ICH

5 Ein Wort in jeder Zeile passt nicht dazu.
Schreibe nur die verwandten Wörter auf.
Vergleiche dein Ergebnis mit deinem Partnerkind:
<u>salz</u>: <u>salz</u>ig, …

salzig   Salzstreuer   versalzen   Salami

Spinne   Spiegel   Kreuzspinne   Spinnennetz

zuckersüß   Süppchen   süßlich   Süßigkeit

6 Setze die verwandten Wörter mit dem Wortstamm **freund** passend
ein und schreibe den Text. Unterstreiche den Wortstamm:
Finn ist mein bester <u>Freund</u>. Wir …

Finn ist mein bester ▩.

Wir sind schon seit der 1. Klasse ▩.

Finn ist immer nett und ▩ zu mir.

Unsere ▩ soll noch lange halten,

denn jeder Mensch braucht

einen ▩ oder eine ▩.

Freund   Freundschaft   freundlich

Freundin   befreundet   Freund

Wortbausteine am Wortende: -en, -er, -el

1 Schreibe die passenden Nomen zu den Bildern auf.
Zeichne Silbenbögen. Markiere die Endungen: Ampel, …

2 Vergleiche dein Ergebnis mit deinem Partnerkind. Sind alle Wörter richtig geschrieben? Überprüft mithilfe der Wörterliste.

3 Lies den Text. Ordne alle Wörter mit -en, -er, -el in eine Tabelle:
Markiere die Endungen:

-en	-er	-el
der Garten	meiner	der Himmel

Ich ließ mit meiner Mutter im Garten Drachen steigen.
Plötzlich wurde das Wetter schlechter und der Himmel
ganz dunkel. Obwohl das Gewitter schon fast über uns war,
spielten wir noch weiter. Erst als ein Blitz neben uns
einschlug, rannten wir ins Haus. Zum Glück wurde
keiner verletzt.

Die **Wortbausteine -en, -er, -el** stehen häufig am Wortende:
lach**en**, der Wint**er**, dunk**el**

4 Welche Wörter kannst du aus diesen Wortbausteinen bilden?
Markiere die Endungen: spiel<u>en</u>, ...

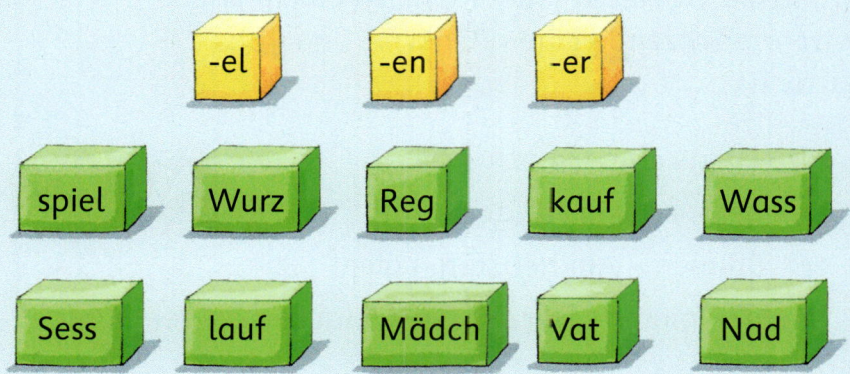

5 Ergänze -en, -er, -el und schreibe den vollständigen Text auf.
Markiere die Endungen:
Im Sommer ...

Im Somm___ tob___ wir am Nachmittag im Gart___.

Am liebst___ sitz___ dann meine Schwest___ und

ich auf der Schauk___. Mein Brud___ spielt lieb___

in seinem Zimm___ am Comput___. Aber im Wint___

kommt er auch nach drauß___. Da fahr___ wir mit dem Schlitt___

und werf___ mit Schneebäll___.

6 Schreibe die Wörter richtig auf. Zeichne Silbenbögen.
Markiere die Vokale und die Endungen: Amp<u>el</u>, ...

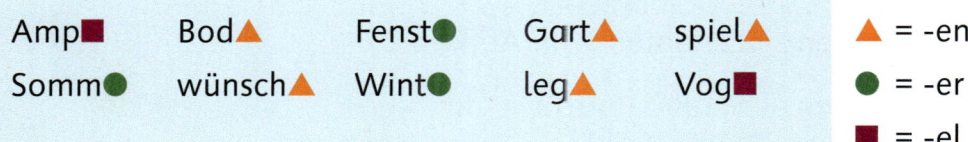

Amp■   Bod▲   Fenst●   Gart▲   spiel▲

Somm●   wünsch▲   Wint●   leg▲   Vog■

▲ = -en
● = -er
■ = -el

7 Überlege dir selbst Wörter in dieser Geheimschrift.
Die Wörterliste kann dir dabei helfen: Taf■, ...

Sätze

1 Ordne die Wörter in jeder Reihe zu einem Satz.
Setze am Satzende einen Punkt:
Lukas ist …

ist – **Lukas** – im Garten – oft

Er – gern – seiner Mutter – hilft

er – Blumen – **Am liebsten** – gießt

hängt – immer – **Der Wasserschlauch** – in der Garage

2 Wo fehlen die Punkte im Text? Besprich dich mit deinem Partnerkind.
Schreibt den Text mit Punkten auf:
Ich helfe …

Ich helfe heute meiner Mutter im
Garten Die Sonne scheint Mama
mäht den Rasen Ich hole den
Gartenschlauch Ich spritze meine Schwester
nass Dabei muss ich laut lachen

3 Bilde Aussagesätze:
Am 31.12. …

man	Silvester	feiert	Am 31.12.
fliegen	zum	Astronauten	Mond
esse	Ich	Kuchen	gerne
leben	Elefanten	in Afrika	
Lesen	Spaß	macht	dir

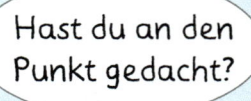

Hast du an den Punkt gedacht?

Am **Satzanfang** schreibt man **groß**. Nach **Aussagesätzen**
steht ein **Punkt**. **D**ie Kinder basteln Sternenbriefe**.** Nach **Fragesätzen**
steht ein **Fragezeichen**: Spielt Lea ein Schaf**?**

4 Suche zu jeder Frage die passende Antwort.
Denke an die Satzzeichen am Ende der Sätze:
Was malst du da? Ich male …

Was malst du da ▮	Wieso hat sie keinen Schwanz ▮	Wozu hat die Katze einen Schwanz ▮
Den male ich zum Schluss ▮	Er ist wichtig für ihr Gleichgewicht ▮	Ich male meine Katze ▮

5 Welches Fragewort passt? Schreibe die Fragen auf:
Was ist heute …

Wer
Warum
Welcher
Was
Wo

▮ ist heute in meiner Frühstücksdose?

▮ stelle ich meinen Schulranzen ab?

▮ gibt mir Hausaufgaben auf?

▮ müssen alle Kinder in der Pause auf den Schulhof?

▮ Bleistift könnte meiner sein?

6 Verwandle die Aussagesätze in Fragesätze:
Spielt Johannes mit …?

Johannes spielt mit seinem Freund Fußball.

In der Schule lesen die Kinder Comics.

Morgen gehen wir alle in den Tierpark.

Zum Frühstück gibt es Müsli mit Milch.

7 Schreibe zu jedem Bild einen Fragesatz und einen Aussagesatz.

Dialekte und andere Sprachen entdecken

1 Wo in Bayern wohnst du? Wird dort Dialekt gesprochen? Berichte.

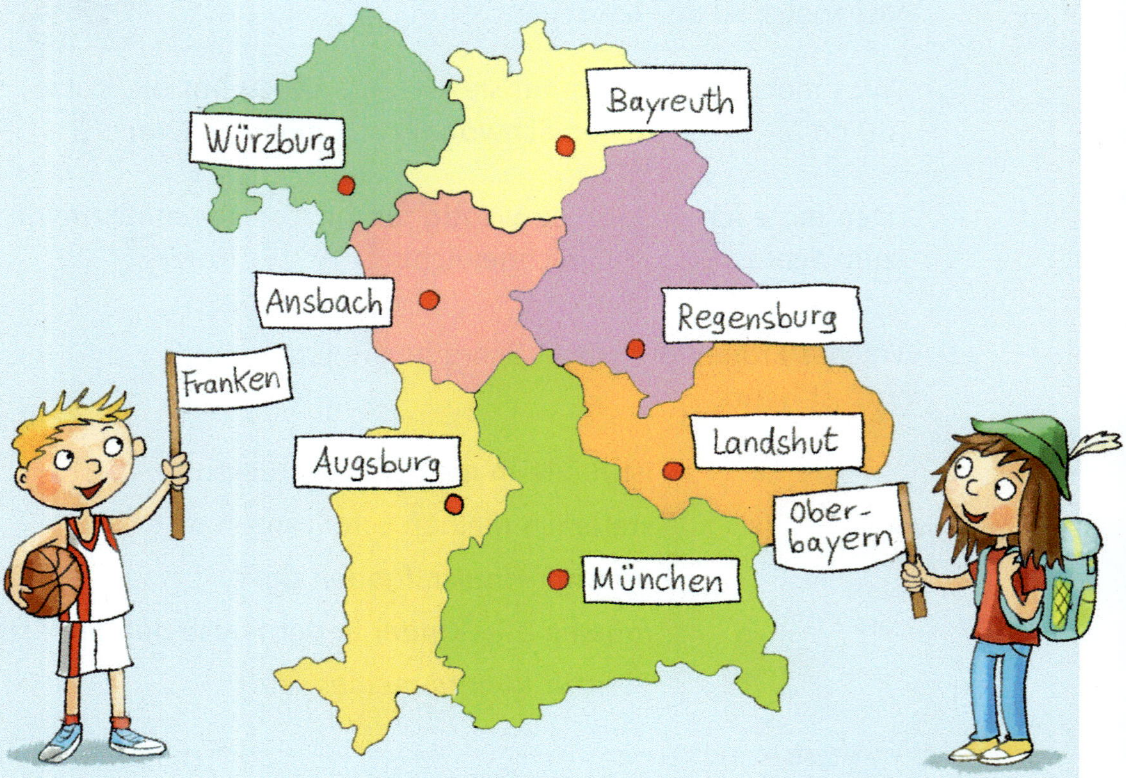
Würzburg
Bayreuth
Ansbach
Regensburg
Franken
Landshut
Augsburg
Ober-
bayern
München

WIR **2** Kannst du einen Dialekt sprechen?
Versuche den Text in deinem Dialekt vorzutragen.
Oder: Kannst du ihn in einer anderen Sprache vortragen?

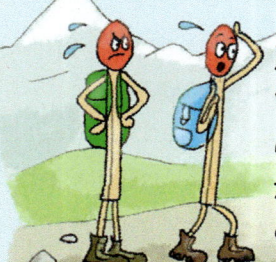

Zwei Streichhölzer klettern auf einen Berg. Oben angekommen treffen sie einen Igel. Sagt das eine Streichholz zum anderen: Hätte ich bloß gewusst, dass hier ein Bus fährt!

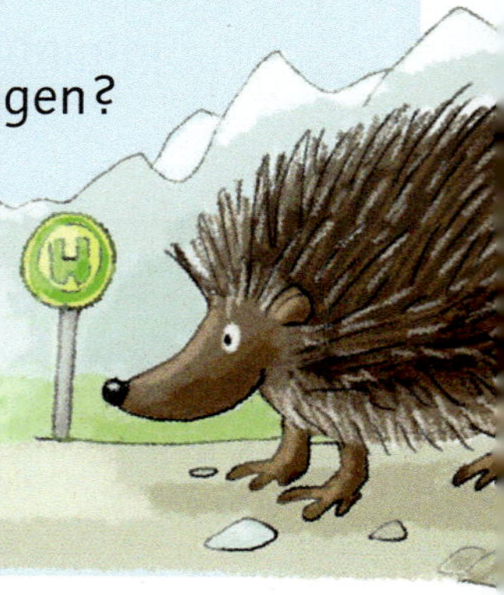

Je nach dem, wo man in Deutschland wohnt, wird die deutsche Sprache etwas anders ausgesprochen, als man sie in Büchern liest. Man nennt das **Dialekt** oder **Mundart**. In Bayern gibt es viele Dialekte.

S. 50 Arbeitsheft

3 Diese Wörter kommen aus anderen Sprachen.
Findest du das passende deutsche Wort?
Portmonee – Geldtasche, …

Portmonee • Pommes frites • Couch

Spagetti • Mountainbike

Bergfahrrad • Kartoffelstäbchen

lange Nudeln • Sofa • Geldtasche

4 Wie heißt es in anderen Sprachen? Ordne zu.
Vergleiche dein Ergebnis mit deinem Partnerkind.

Guten Tag!

Bonjour!

Guten Appetit!

???

Buon appetito!

Gesundheit!

Çok yaşa!

5 In manchen Sprachen werden andere Buchstaben verwendet.
Kennst du eine andere Schrift? Berichte.

6 Finde heraus, welche Sprache die Kinder sprechen.

Привет!

γεια σου!

مرحبا

Geschichten vorbereiten

1 Welche Stichwörter passen zu diesem Bild?
Schreibe sie auf: schöner Tag ...

schöner Tag im Oktober

Regenwetter   Familie

Äpfel ernten   der Ball rollt

alle fröhlich   großer Hund

plötzlich: Apfel fällt   alle lachen

Feuerwehr im Anmarsch

Frederik weint   trösten

Sternenhimmel

2 Wähle die Sätze aus, die zum Bild passen.
Schreibe die Geschichte auf: Es ist ein ...

Es ist ein schöner Tag im Oktober.

Frederik ist mit seiner Familie auf der großen Wiese.

Der Regen macht die Wiese nass.

Sie ernten die leckeren Äpfel.

Alle sind fröhlich bei der Arbeit, auch Frederik.

Der große Hund zerrt an der Kette.

Plötzlich fällt ihm ein Apfel direkt auf den Kopf.

Alle lachen, weil es lustig aussieht.

Frederik weint.

Die Feuerwehr ist im Anmarsch.

Zum Trost gibt es nach der Ernte ein Eis.

> Es hilft dir, Stichwörter zu notieren,
> bevor du eine Geschichte aufschreibst.

3 Schreibe die Geschichte mit Hilfe der Stichwörter auf.
Gib der Hauptperson einen Namen.
Denke dir ein Ende für deine Geschichte aus.

Taschengeld bekommen

Eis kaufen   freut sich

hält Eis ganz fest

Hund liegt an der Tür

stolpert   ???

4 Überlege dir, wie die Geschichte weitergeht.
Ergänze die Stichwörter: Spaziergang im Wald, …

Spaziergang im Wald

entdeckt Geheimtür

5 Schreibe die Geschichte auf.
Denke an die Namen der Personen.
Überlege dir eine passende Überschrift.

6 Wähle ein Bild. Überlege dir selbst eine Geschichte.
Notiere Stichwörter. Schreibe dann deine Geschichte auf.

Geschichten entwickeln

1 Überlege, was Bella und Bruno erleben könnten.
Male ein Bild dazu oder schreibe Stichwörter auf.

planen

Das sind Bella und Bruno.
Bruno ist ein großer Elefant.
Seine Freundin Bella
ist eine Libelle.

2 Schreibe deine Geschichte mit
deinen Stichwörtern aus Aufgabe 1.

DU ICH **3** Baue die Sätze richtig zusammen.
Vergleiche dein Ergebnis mit deinem Partnerkind.

schreiben

<u>Ein schöner Tag</u>

Bruno liegt …	gemeinsam los.
Bella fliegt …	eine Wanderung machen.
Sie will …	faul in der Sonne.
Bruno ist …	um Bruno herum.
Bruno bewirft sich …	mit Sand.
Die beiden gehen	sofort begeistert.

4 Besprich deine Geschichte in deiner Gruppe.
Was ist dir gut gelungen? Was solltest du anders machen?

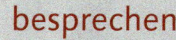

besprechen

> Ich lese meine Geschichte vor und achte dabei auf die Betonung.

> Ich achte auf die logische Reihenfolge und frage nach, wenn ich etwas nicht verstanden habe.

> Ich sage, was mir gut gefallen hat und gebe Tipps.

> Zum Schluss schaue ich, ob alle Wörter richtig geschrieben sind.

5 Überarbeite deine Geschichte.

Ein schöner Tag

Sonne
Bruno liegt faul in der ~~sonne~~.
Er ~~Bruno~~ bewirft sich mit Sand.
Bella fliegt um Bruno herum.

überarbeiten
veröffentlichen

6 Schreibe deine Geschichte mit deinen Verbesserungen auf.
Gestalte sie ansprechend. Du kannst auch den Computer verwenden.
Präsentiere deine Geschichte in der Klasse.

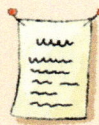

Texte schreiben

1 Lies den Text.

Das Fingeralphabet

Lara ist anders als andere Kinder. Sie kann nicht hören. Sie ist seit ihrer Geburt taub.

Gehörlose können oft mit einem Hörgerät etwas hören. Oder sie lesen von den Lippen ab.

Viele taube Menschen unterhalten sich auch mit ihren Händen. Sie benutzen eine Zeichensprache.

Buchstabe	Zeichen
A	
B	
C	

2 Beantwortet gemeinsam die Fragen zum Text. Verwendet dabei die Begriffe Überschrift, Zeile, Absatz und Spalte.

In welchem Absatz steht, wie sich taube Menschen unterhalten können?

Im zweiten Absatz steht, dass ...

Was steht in der Überschrift?

Wer ist taub? In welcher Zeile findest du den Namen?

Womit können Gehörlose etwas hören? In welchem Absatz findest du diese Information?

Wo in der Tabelle findest du das Handzeichen für den Buchstaben C?

Viele Texte haben eine **Überschrift**, **Zeilen**, **Absätze** und **Spalten**. Sie helfen uns den Text leichter zu lesen und zu verstehen.

S.56 Arbeitsheft

3 Schreibe nur die Absätze ab, die zu diesem Gegenstand passen.
Achte auf eine sinnvolle Reihenfolge.
Finde eine passende Überschrift.

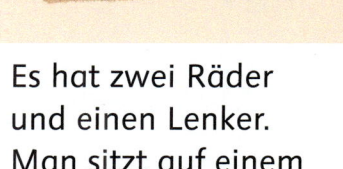

Es hat zwei Räder und
eine hohe Lenkstange.
Man steht auf einem Brett.

Es hat vier Räder
und einen Motor.
Man braucht dafür
einen Führerschein.

Es hat zwei Räder
und einen Lenker.
Man sitzt auf einem
Sattel und muss treten.

Ich habe ein neues Fahrrad. Es ist
ein Geschenk von meiner Tante.

4 Hier haben sich die Stichwörter vermischt.
Wähle ein Tier und beschreibe es:
Die Amsel ...

Die Amsel	hat lange Ohren
hat schwarze Federn	hat einen gelben Schnabel
hat ein weiches braunes Fell	singt im Frühling
schlägt Haken auf der Flucht	Der Hase
knabbert Gemüse und Körner	frisst gerne Würmer
baut sich ein Nest	hoppelt über die Felder

DU ICH
5 Wähle ein Kinde aus und beschreibe es. Achte auf eine gute
Gliederung. Lass ein Partnerkind erraten, wen du beschrieben hast:
Das Kind hat ...

Paul
Jonas

Max
Ling
Nina

Texte überarbeiten

1 Finde für jedes markierte Wort einen anderen Satzanfang:
Im Fußballtraining

Im Fußballtraining

Wir warten, bis alle da sind.

Dann machen wir uns warm und rennen.

Dann dehnen wir uns.

Dann üben wir meistens Spielzüge.

Dann machen die Torhüter Torwarttraining.

Dann üben wir Schüsse auf das Tor.

Dann machen wir noch ein Spiel.

Dann sind wir alle ziemlich erledigt.

unterschiedliche Satzanfänge

Am Anfang • Danach • Anschließend • In dieser Zeit
Nach den Spielzügen • Zum Abschluss • Am Ende

2 Finde die Rechtschreibfehler.
Schreibe den Text ohne Rechtschreibfehler:
Nachmittags …

Rechtschreibung kontrollieren

nachmittags fahre ich gerne mit meinem

roller meine Freundin Jana begleitet mich

in den park manchmal essen wir dort ein eis

3 Lies den Text. Ergänze, wie du Aufgabe 2
gelöst hast: Im Text von …

Am Satzanfang schreibt man groß. Nach Sätzen steht ein Punkt.

Im Text von Aufgabe 2 fehlen die ▢ .
Satzanfänge muss man ▢ schreiben.
Auch Nomen muss man ▢ schreiben.

4 Finde Namen für den Jungen und für seinen kleinen Hund.
Denke dir eine Überschrift aus, die neugierig macht.
Schreibe die Geschichte neu auf:
Ein Junge ...

Überschrift
Namen

Ein Junge geht mit seinem

kleinen Hund Gassi.

Plötzlich kommt ein großer Hund angesprungen.

Der will mit dem kleinen Hund kämpfen.

Da hört der Junge einen Pfiff.

Der große Hund rennt davon.

Schnell gehen der Junge und

der kleine Hund weiter.

Da ist der Junge aber froh!

5 Ersetze in diesem Text das Verb **gehen**
durch passende Verben aus dem Kasten.

genaue Verben

Lotta will Korbinian erschrecken.

Sie geht von hinten

an ihn heran und ruft laut.

Dann geht sie weg.

Korbinian geht hinter ihr her.

Die soll was erleben!

Auf ihrem Rückweg muss Lotta

über einen kleinen Bach gehen.

Doch sie geht zu kurz und landet im Wasser.

Pitschnass geht sie ans Ufer. Korbinian lacht.

Gemeinsam gehen sie nach Hause.

gehen • hüpfen
rennen • laufen
stolpern • springen
klettern • hopsen
rasen • schleichen
schlurfen • poltern

Texte vortragen

1 Übe, den Text vorzutragen. Die Stellen, an denen du
eine Pause machen solltest, sind durch Striche markiert.
Betone die unterstrichenen Wörter.

Warum zittert man bei Kälte? |
Brr, ist das kalt! |
Im Schwimmbecken war dir doch eben
noch so warm. | Doch kaum, dass du
rauskletterst, | geht das große Bibbern los. |
Das Gleiche kann erleben, wer sich im Winter
nicht genug anzieht. | Aber was soll das Geschlotter? |
Damit unser Körper gesund bleibt, | braucht er
eine Temperatur von rund 37 Grad Celsius. |
Droht die zu sinken, | fängt der Körper an,
sich zu wehren. | Zum Beispiel, | indem er
alle Muskeln zittern lässt. | Denn diese Bewegung
erzeugt Wärme.

2 Schreibe das Gedicht ab. Markiere dir für deinen Vortrag
die Pausen und Wörter, die du betonen willst:
So schnell …

So schnell kriegt mich hier keiner mehr hoch!
sprach ein müder Wanderer mit Schnaufen.
So sagte er. Und setzte sich
auf einen Ameisenhaufen.

Josef Guggenmos

> Sprich beim Vorlesen laut und deutlich.
> Mache nach jedem Satz eine Pause.
> Wichtige Wörter kannst du betonen.

DU ICH

3 Bringe das Gespräch in die richtige Reihenfolge.
Unterstreiche die Wörter, die du betonen willst.
Lest mit verteilten Rollen. Hier Max Heinze. – Hallo …

 Juhu! Bis gleich!

Es ist aber auch so kalt!

Hallo Max, Melina hier. Kommst du mit auf den Spielplatz?

Auf den Spielplatz, bei dem Wetter?

Na los, und hinterher macht mein Papa uns heißen Kakao!

Hier Max Heinze.

Zieh Gummistiefel an. Wir stapfen durch die Pfützen.

Ich weiß nicht so recht.

Das bisschen Regen macht doch nichts.

Heißen Kakao? Na gut. Bin gleich da.

DU ICH

4 Ein Kind ist Max, das andere Melina.
Übt, das Gespräch vorzutragen.

WIR

5 Lies den Text so vor, dass er spannend klingt.
Sprich laut und deutlich. Achte auf die Lesepausen.
Lies manche Stellen leise und geheimnisvoll.

Neulich war ich abends alleine zu Hause.

Mama und Papa waren beim Elternabend.

Ich saß im Wohnzimmer und las.

Plötzlich hörte ich ein Geräusch.

Es kam unter dem Sofa hervor.

Was war das? Ich bekam eine Gänsehaut.

Da war es wieder. Ein kleines Geräusch wie …

WIR

6 Wie könnte die Geschichte weitergehen?
Schreibe eine Fortsetzung. Lies die ganze Geschichte vor.

Informationen sammeln

1 Lies den Text über Igel.

Ein Igel hat braune Stacheln mit weißen Spitzen.
Am Bauch und im Gesicht hat er Haare.
Igel leben am Waldrand oder in Parks und Gärten.
Am Tag verstecken sie sich in Hecken und im Gestrüpp
und schlafen. Nachts sind sie unterwegs und jagen Insekten,
aber auch Regenwürmer oder Schnecken.
Wenn sie sich bedroht fühlen, dann rollen sie sich zu
einer Stachelkugel zusammen. Milch vertragen sie nicht.

2 Schreibe Katharinas Fragen
und die richtigen Antworten auf:
Kann ich …

> Warum sehe ich tagsüber so selten einen Igel?

> Kann ich den Igel im Garten mit Milch füttern?

Man sieht Igel nie am Tag, weil sie so leicht Sonnenbrand bekommen.

Nein, Igel vertragen keine Milch.

Wenn du Milch übrig hast, gib sie dem Igel.

Igel schlafen am Tag, weil sie nachts unterwegs sind.

3 Beantworte Hakans Fragen.
Schreibe Fragen und Antworten auf:
Was machen …

> Fressen Igel nur Insekten?

> Hat der Igel auch am Bauch Stacheln?

> Was machen Igel, wenn sie angegriffen werden?

4 Lies den Text über Rothirsche.

Das größte Tier in unserem Wald ist der Rothirsch.
Man nennt ihn auch den König der Wälder.
Die männlichen Tiere tragen ein Geweih.

Jedes Jahr im Frühling werfen sie
ihr Geweih ab und im Sommer
wächst ihnen ein neues.

Der Name des Rothirschs beschreibt,
wie sein Fell aussieht.
Das Fell der Hirsche
ist rot und braun.

Rothirsche sind sehr scheu.
Am Tag verstecken sie sich.
Erst wenn es dunkel wird,
kommen sie zum Fressen raus.

5 Überlege dir Fragen zu Rothirschen.
Schreibe sie auf.

6 Tausche mit einem Partnerkind die Fragen aus.
Beantwortet gegenseitig eure Fragen.

7 Auf eine der drei Fragen findet man im Text über Rothirsche
keine Antwort. Finde diese Frage und schreibe sie auf.

Warum sieht man tagsüber in der Regel keine Hirsche?

Welche Farbe hat ihr Fell?

Sind Rehe kleiner als Hirsche?

8 Suche nach der Antwort auf diese Frage.
Schlage im Tierlexikon nach oder suche im Internet.

Einladungen

1 Wer bekommt eine Einladung? Wer hat sie geschrieben?
Ordne jeder Anrede einen passenden
Absender zu:
Liebe Lea! – Deine Jana, …

Anrede

Liebe Lea!	Euer Julius
Hallo Tom, hallo Max!	Ihre Klasse 2b
Sehr geehrte Frau Berger!	Deine Jana
Hallo Hakan!	Eure Enkelin Hanna
Liebe Oma, lieber Opa!	Dein Freund Leon

2 Vergleiche dein Ergebnis mit deinem Partnerkind.
Wie habt ihr Anrede und Absender zugeordnet? Begründet.

3 Lies die Einladung zu Toms Geburtstag.
Ergänze die fehlenden Wörter:
Lieber Max!
Ich lade dich zu meinem Geburtstag ein.

Lieber Max!

Ich lade Dich zu meinem ☐ ein.

Die ☐ findet am 20. ☐ statt.

Beginn ist um 15 ☐

Es gibt für alle ☐ und Kakao.

Bei gutem ☐ gehen wir

zusammen auf den Spielplatz.

Ich freue mich auf ☐ !

Dein Tom

Oktober   Wetter   Dich

Geburtstag   Uhr

Feier   Kuchen

4 Lies die Einladung.
Was plant die Klasse 2b?

Anlass, Datum, Uhrzeit, Ort

Liebe Klasse 2b!
Wir machen einen Ausflug
ins Schwimmbad in der Sonnenstraße.
Der Ausflug findet am 8. Juni ab 10 Uhr
statt. Bringt bitte 2 Euro Eintrittsgeld,
Schwimmsachen und Handtücher mit.

Eure Klassenlehrerin
Frau Berger

WIR

5 Was muss die Klasse 2b wissen, damit ihr Ausflug gelingt?
Beantwortet die Fragen gemeinsam:

Wer bekommt die Einladung?   Wann findet der Ausflug statt?

Was wird gemacht?   Was muss mitgebracht werden?

Wohin geht der Ausflug?   Wer hat die Einladung geschrieben?

6 Am Ende einer Einladung verabschiedet man sich.
Lies die Grüße. Überlege dir weitere Grußformeln.

Grußformel

Bis bald!   Viele Grüße!

Dein …   Ich freue mich auf Dich!   …

7 Überlege dir einen Anlass.
Schreibe und gestalte eine eigene Einladung.

Steckbriefe und Diagramme

1 Von welchem Kind stammt die Seite im Freundebuch?
Schreibe den Steckbrief mit dem richtigen Namen.

Name: ▢
Alter: 8
Haarfarbe: schwarz
Frisur: Zöpfe
Brille: ja
Lieblingskleidung:
Hosen, weite Pullis
Das mag ich:
Ohrringe

2 Schau genau. Schreibe
auch diesen Steckbrief
mit dem richtigen Namen.
Ergänze fehlende Angaben.

Name: ▢
Alter: 7
Haarfarbe: ▢
Frisur: kurze Haare
Brille: ▢
Lieblingskleidung:
▢
Das mag ich:
Fußball

3 Schreibe eine Freundebuchseite für Max.
Oder: Schreibe eine Freundebuchseite
über dich.
Name: ...   Alter: ...
...

Zola
Anna
Paul
Max
Felix
Nina
Nele
Lisa
Lili
Ling
Hakan
Lea
Tim
Leon

156 **Schreiben**

S. 66 **Arbeitsheft**

4 Schreibe auf, was dir hilft, eine Person auf dem Bild zu finden:
die Haarfarbe, ...

> Telefonnummer • Haarfarbe • Augenfarbe • Hobbys
> Lieblingstiere • Lieblingskleider • besondere Kennzeichen
> was jemand nicht leiden kann • Größe • Sternzeichen • Adresse

5 Schreibe einen Steckbrief zu einem Kind auf Seite 156.
Nutze die Ergebnisse aus Aufgabe 4:
Alter: ...
Haarfarbe: ...

6 Lies das Diagramm genau. Schreibe auf, was du erfährst:
Es gibt sechs Jungen. Es gibt ...

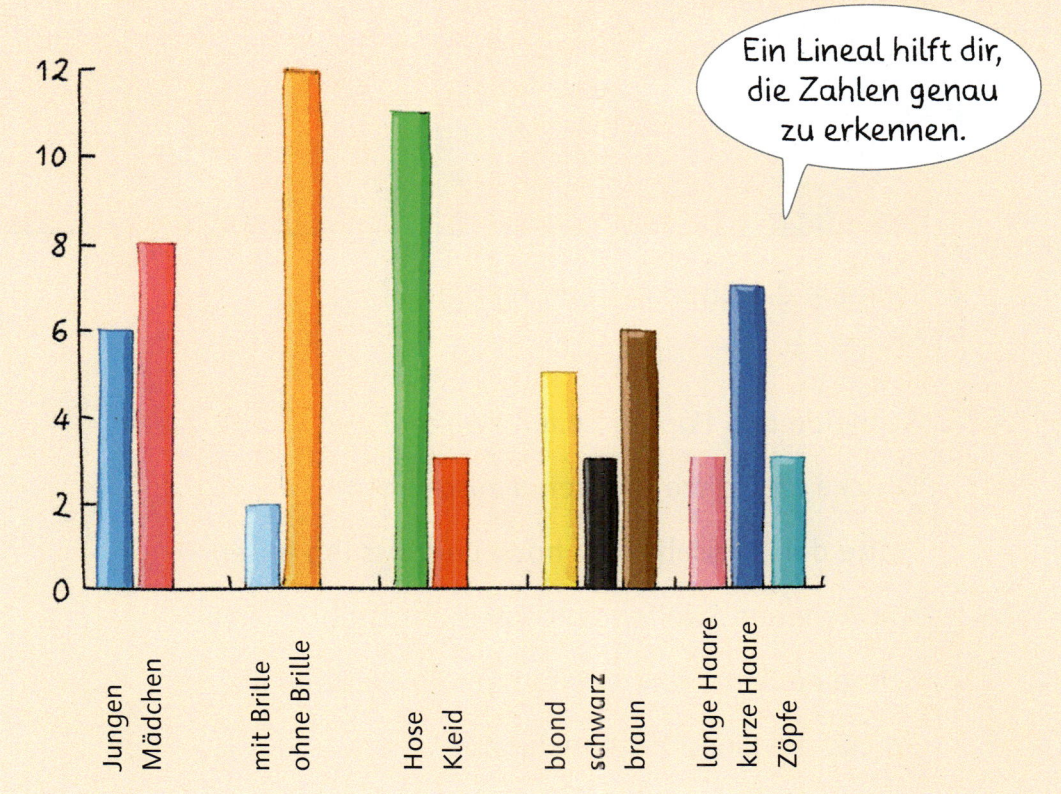

Ein Lineal hilft dir,
die Zahlen genau
zu erkennen.

Bastelanleitungen

1 Baue den Kreiselflieger nach.

2 Schreibe die Bauanleitung richtig auf:
Knicke ...

Schneide den Papierstreifen zweimal ein.

Drücke die Spitze ein wenig zusammen.

Halte den Kreiselflieger hoch und lass ihn fallen.

Knicke einen Streifen von einem Blatt ab.

Schneide den Papierstreifen an der Faltlinie ab.

Stecke die Einschnitte ineinander.

3 Welche Informationen brauchst du **nicht**, um den Hubschrauber nachzubauen? Schreibe nur die wichtigen Informationen auf.

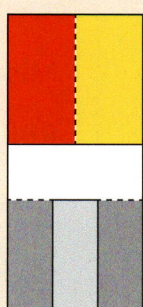

Suche dir ein besonders hübsches Blatt aus.

Zeichne dir das Bild auf.

Schneide die gestrichelten Linien ein.

Klappe das rote Teil vor, das gelbe zurück.

Falte die grauen Teile zur Mitte und klebe sie fest.

Berichte deiner Lehrerin, dass du fertig bist.

Lass deinen Hubschrauber von einer hohen Stelle aus fallen.

4 Bastle den Papierhubschrauber.

5 Schreibe eine Bastelanleitung für diesen Flieger.

Dreieck knicken

Dreieck abschneiden

Rand dreimal knicken

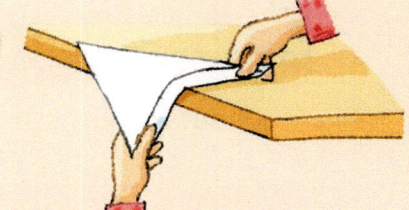

Rand über Kante ziehen

Ecken ineinanderstecken

Ring nach vorne fallen lassen

Rezepte

1 Schreibe das Rezept für Obstquark in der richtigen Reihenfolge auf:
Obstquark

...

Mische das Obst zum Schluss mit dem Quark.

Rühre ihn als Nächstes mit etwas Milch oder Sahne glatt.

Wasche und schäle das Obst.

Zutaten: 500 g Magerquark, etwas Milch oder Sahne, Obst nach Geschmack und Jahreszeit

Schneide danach das Obst in kleine Stücke.

Fülle den Quark zuerst in eine Schüssel.

2 Sortiere die Bilder. Schreibe das Rezept für Kräuterbrot mit Hilfe der Stichwörter auf:
Kräuterbrot

...

auf das Brot streuen

mit Frischkäse bestreichen

Kräuter waschen und schneiden

Brotscheiben bereitlegen

3 Hier hat sich Unsinn eingeschlichen! Schreibe auf, was zum Rezept für Pizza-Brötchen gehört:

Pizza-Brötchen
Zutaten: ...

Zutaten: 5 Scheiben Schinken, 10 Scheiben Salami, 1 Glas feiner Sand, 1 rote Paprika, frische Pilze, Brötchen oder Baguette, 1 Päckchen geriebener Käse, 1 Becher Sahne, Gewürze

Die Küche ordentlich schrubben.

Schinken, Salami, Paprika und Pilze klein schneiden.

Nebenher Radio hören.

Alle Zutaten mit Käse und Sahne vermischen.

Mit Pizzagewürzen abschmecken.

Keinen Streit mit der Schwester anfangen!

Brötchen oder Baguette damit bestreichen.

10 Minuten im vorgeheizten Ofen bei 180 Grad backen.

> Achtung! Benutze den heißen Backofen nur mit Hilfe eines Erwachsenen!

4 Schreibe das Rezept auf:

Limo-Kuchen
...

Gedichte schreiben

1 Lies das Gedicht aus Sofies Freundschaftsbuch.
Die Stellen, an denen du eine Pause machen solltest,
sind durch Striche markiert. Betone die unterstrichenen Wörter.

Nie verlerne so zu lachen, |
wie du jetzt lachst | froh und frei, |
denn ein Leben | ohne Lachen |
ist wie der Frühling | ohne Mai!

2 Wähle ein Gedicht aus. Schreibe es in dein Heft.
Markiere Pausen und betonte Wörter. Übe das Gedicht.

Ohne Blumen, | ohne Träume, |
ohne Purzelbäume, |
...

Lebe glücklich, lebe froh,
wie der Mops im Haferstroh.

Ohne Blumen, ohne Träume,
ohne Purzelbäume,
ohne Käse, ohne Speck,
hat das Leben keinen Zweck.

Ein Winter ohne Schnee,
ein Frühling ohne Klee,
ein Sommer ohne Wespenstich,
das wäre ich ohne dich!

DU ICH

3 Trage dein Gedicht vor. Was ist dir beim Vortragen gut gelungen?
Worauf musst du noch mehr achten?

4 Schreibe das Gedicht ab. Ergänze die fehlenden Reime:
Ein kluger ...

Ein kluger Knabe, er hieß Hans,
dressierte eine fette
und brachte ihr ein Kunststück bei:
Sie legte ihm ein Spiegel
samt Pfefferkörnern, Speck und Schmalz
nebst einer kleinen Prise .

Hans Manz

5 Bringe den Kettenreim in die richtige Reihenfolge.
Ergänze die fehlenden Wörter:

Eins, zwei, drei,
alt ist nicht neu,
neu ist nicht alt,
...

Eins, zwei, drei,
alt ist nicht neu,

?? ist nicht hart,
der Bauer mit Bart,

der ?? vom Bauer,
süß ist nicht sauer,

arm ist nicht reich,
hart ist nicht weich,

neu ist nicht alt,
warm ist nicht kalt,

kalt ist nicht warm,
reich ist nicht ??,

?? ist nicht süß,
die Händ sind keine Füß,

Füß sind keine Händ,
die Geschichte ist zu End.

6 Die Verse rechts sind durcheinandergeraten.
Ordne sie richtig zu und schreibe das Gedicht:

Spatzenjanuar
Weiß steht der Wald,
sagen die Spatzen
und es ...

Weiß steht der Wald,
sagen die Spatzen,

tun uns nicht weh,
sagen die Spatzen.

Doch Eis und Schnee,
sagen die Spatzen,

sind wir gefeit,
sagen die Spatzen.

Im Federkleid,
sagen die Spatzen.

Ein bisschen Brot,
sagen die Spatzen.

Doch eins tut not,
sagen die Spatzen:

und es ist kalt,
sagen die Spatzen.

James Krüss

Botschaften schreiben und entschlüsseln

1 Lies den Text.

Jan liegt am Strand und döst in der Sonne.

Er träumt von einem Piratenschiff.

Er ist ein Gefangener der Piraten.

Sie haben ihn auf eine einsame Insel verschleppt.

Verzweifelt überlegt er, wie er sich retten könnte.

Da sieht er eine Flasche und ihm kommt eine Idee.

Eine Flaschenpost ist die Rettung!

2 Schreibe eine Flaschenpost, die Jan losschicken könnte.
Wenn du möchtest, kannst du die Stichwörter in der Flasche
verwenden:
Hilfe! Ich …

Hilfe • Piraten • der schreckliche Sven • entführt •
bin ein Gefangener • schwarzes Piratenschiff
mit blutrotem Totenkopf • auf einer einsamen Insel •
hinter den Sommerinseln • hoffe auf Rettung

3 Löse die Geheimschrift: Wichtige ...

W■cht■g✛ M✛ldung ▲n ▲ll✛:

W✛nn ■ch r✛d✛, s✛■d ■hr st■ll,

w✛■l ■ch ✛uch w▲s s▲g✛n w■ll!

▲ = a

✛ = e

■ = i

4 Denke dir selbst Wörter oder Sätze in dieser Geheimschrift aus.
Lasse sie ein anderes Kind entziffern.

5 Ersetze die Zahl **8** durch das Wort **ach**t:
Einmal in der Nacht ...

Einmal in der N8 sind zwei Kinder aufgew8.

Sie haben lange nachged8 und

sich dann fröhlich angel8.

Der Plan von ihnen in der N8:

N8isch essen um Mittern8.

6 Schreibe selbst eine geheime Botschaft.
Schreibe sie zuerst ganz normal auf dann verschlüsselt.
Lasse sie ein anderes Kind entschlüsseln.

A	B	C	D	E	F	G	H	I	J	K	L	M	N
Z	A	B	C	D	E	F	G	H	I	J	K	L	M

DHMD FDGDHLD ...

EINE GEHEIME BOTSCHAFT

ENIE EMIEHEG TFAHCSTOB

Texte in unterschiedlichen Medien

1 Lies den Text über die Bücherei.

In der Bibliothek

Die Klasse ist in der Bücherei. Die Leiterin erklärt den Kindern, wie sie nach einem Buch suchen, wo sie es finden und womit sie es ausleihen können.

Wenn ihr ein bestimmtes Buch sucht, dann braucht ihr den Namen des Autors und den Titel des Buchs, erklärt sie. Diese Information findet man auf dem Cover. Auf der Rückseite steht eine kleine Beschreibung des Buchs.

Die Bücher sind nach dem Alphabet geordnet. Im ersten Regal stehen alle Sachbücher, im zweiten alle Lese- und Bilderbücher und im dritten Hörbücher und DVDs.

2 Schreibe alle Wörter auf, die du nicht kennst. Schlage sie im Wörterbuch nach oder informiere dich im Internet. Beschreibe die Begriffe.

> Bibliothek ist ein anderes Wort für eine Bücherei.

3 Informiert euch im Internet über die Bücherei in eurer Nähe.
Oder: Macht einen Ausflug in eine Bücherei.

Was kann ich alles in der Bücherei ausleihen?	Womit kann ich etwas ausleihen?
Wann muss ich meine Ausleihe wieder zurückbringen?	Wie finde ich ein bestimmtes Buch?

4 Lies die Texte. Welcher Text gehört zu welchem Cover? Begründe.

Wer untersucht die Spuren an einem Tatort? Wie arbeiten Detektive?
Hier findest du alle Informationen …

Höre die Geschichte über die kleine Tiffany. Ihre Kutsche wird von drei Räubern mit großen schwarzen Hüten überfallen …

Lies die spannende Geschichte von einem Löwen, der die Tiere des Dschungels bittet einen Brief für ihn zu schreiben …

5 Sachbuch, Lese- und Bilderbuch oder Hörbuch und DVDs? Wo findest du die drei Werke im Regal? Begründe.

DU ICH

6 Beschreibe eine Figur, die du aus einem Buch oder einem Film kennst. Lass ein anderes Kind erraten, wen du meinst:
Meine Figur …

> Achtung: Dein Partner muss dieses Buch oder den Film auch kennen!

7 Gestalte ein Cover und eine Rückseite zu deinem Lieblingsbuch, Lieblingshörbuch oder Lieblingsfilm.
Oder: Führe ein Lesetagebuch.

Titel: Der faule Kater Josef
Autorin: Franziska Biermann
Wann gelesen: _____
Wie viele Seiten: _____
Worum geht es? _____
Das hat mir gefallen: _____

Wörterliste

A/a

aber
al|le
als
al|so
die Amei|se, die Amei|sen
ant|wor|ten, er ant|wor|tet
der der Ap|fel , die Äp|fel
der Ap|ril
ar|bei|ten, sie ar|bei|tet
auf
die Auf|ga|be, die Auf|ga|ben
das Au|ge, die Au|gen
der Au|gust
aus
das Au|to, die Au|tos

B/b

das Ba|by, die Ba|bys
ba|cken, er bäckt
ba|den, sie ba|det
die Bank, die Bän|ke
der Bart, die Bär|te
bau|en, er baut
der Baum, die Bäu|me
bei
das Bett, die Bet|ten
die Bie|ne, die Bie|nen
das Bild, die Bil|der
die Bir|ne, die Bir|nen
bit|ten, sie bit|tet

blau
blei|ben, er bleibt
blü|hen, sie blüht
die Blu|me, die Blu|men
die Blü|te, die Blü|ten
bö|se
brau|chen, sie braucht
braun
der Brief, die Brie|fe
brin|gen, er bringt
das Brot, die Bro|te
der Bru|der, die Brü|der
der Bub, die Bu|ben
das Buch, die Bü|cher
bunt
die Burg, die Bur|gen

C/c

der Cent, die Cents
der Clown, die Clowns
der Com|pu|ter, die Com|pu|ter

D/d

da
dan|ken, sie dankt
das
de|cken, er deckt
den|ken, er denkt
der
des
der De|zem|ber

dich
dick
die
der Diens|tag, die Diens|ta|ge
die|se
dir
doch
der Don|ners|tag,
die Don|ners|ta|ge
die Do|se, die Do|sen
du
dun|kel
durch
dür|fen, sie darf

E/e

das Ei, die Ei|er
das Eis
die E-Mail, die E-Mails
das En|de, die En|den
eng
die En|te, die En|ten
er
er|zäh|len, sie er|zählt
es
der Esel, die Esel
es|sen, er isst
der Eu|ro, die Eu|ros

F/f

fah|ren, sie fährt
fan|gen, er fängt
der Fe|bru|ar
die Fe|der, die Fe|dern

feh|len, sie fehlt
der Feh|ler, die Feh|ler
fein
das Feld, die Fel|der
das Fens|ter, die Fens|ter
das Feu|er, die Feu|er
fin|den, er fin|det
flie|gen, er fliegt
der Flü|gel, die Flü|gel
fra|gen, sie fragt
die Frau, die Frau|en
der Frei|tag, die Frei|ta|ge
freu|en, er freut sich
der Freund, die Freun|de
frisch
der Früh|ling
das Früh|stück
der Fül|ler, die Fül|ler
für
der Fuß, die Fü|ße

G/g

die Ga|bel, die Ga|beln
der Gar|ten, die Gär|ten
ge|ben, er gibt
ge|hen, sie geht
gelb, gel|be
das Ge|mü|se
ge|sund, ge|sun|de
das Glas, die Glä|ser
das Gras, die Grä|ser
groß
grün
gut

H/h

	ha|ben, du **hast**, er **hat**
der	**Hai**, **die Haie**
die	Hand, die Hän|de
	hän|gen, er hängt
	hart
der	**Ha|se**, **die Ha|sen**
das	**Haus**, **die Häu|ser**
das	Heft, die Hef|te
	heiß
	hei|ßen
	hel|fen, er hilft
	her
der	Herbst
	heu|te
	hier
die	**He|xe**, **die He|xen**
der	**Him|mel**, **die Him|mel**
	hin|ter
	hoch
	ho|len, sie **holt**
	hö|ren, er **hört**
die	**Ho|se**, **die Ho|sen**
der	**Hund**, **die Hun|de**

I/i

	ich
der	Igel, die Igel
	ihm
	ihn
	ih|nen
	ihr
	im
	im|mer
	in
	er **ist**

J/j

	ja
das	**Jahr**, **die Jah|re**
der	Ja|nu|ar
der	Ju|li
der	**Jun|ge**, **die Jun|gen**
der	Ju|ni

K/k

der	**Kai|ser**, **die Kai|ser**
	kalt
die	**Kat|ze**, **die Kat|zen**
	ken|nen, er kennt
die	Ker|ze, die Ker|zen
das	**Kind**, **die Kin|der**
die	**Kis|te**, **die Kis|ten**
die	**Klas|se**, **die Klas|sen**
das	**Kleid**, **die Klei|der**
	klein
	kön|nen, sie **kann**
der	**Kopf**, **die Köp|fe**
	krank
der	Kür|bis, die Kür|bis|se
	küs|sen, er küsst

L/l

	lang
	lang|sam
	las|sen, sie lässt
	lau|fen, er **läuft**
	laut
	le|ben, sie **lebt**
	le|gen, er **legt**

der Leh|rer, die Leh|rer
die Leh|re|rin, die Leh|re|rin|nen
leicht
lei|se
ler|nen, sie **lernt**
le|sen, er **liest**
die **Leu|te**
lie|ben, er **liebt**
das Lied, die Lie|der
lie|gen, sie **liegt**
das Li|ne|al, die Li|nea|le
der Löf|fel, die Löf|fel
der **Lö|we, die Lö|wen**
lus|tig

M/m

ma|chen, er **macht**
das **Mäd|chen, die Mäd|chen**
der **Mai**
ma|len, sie **malt**
der Mann, die Män|ner
der **März**
die **Maus, die Mäu|se**
das Mes|ser, die Mes|ser
mit
die Mit|te
der Mitt|woch, die Mitt|wo|che
der Mo|nat, die Mo|na|te
der Mon|tag, die Mon|ta|ge
mor|gen
müs|sen, er **muss**
die **Mut|ter, die Müt|ter**

N/n

nach
die Nacht, die Näch|te
die **Na|del, die Na|deln**
der **Na|me, die Na|men**
der **Ne|bel, die Ne|bel**
neh|men, sie nimmt
nein
neu
nicht
der No|vem|ber
nun

O/o

oder
der Ok|to|ber
die **Oma, die Omas**
der **On|kel, die On|kel**
der **Opa, die Opas**

P/p

der Part|ner, die Part|ner
das Pferd, die Pfer|de
die Pflan|ze, die Pflan|zen
pflan|zen, er pflanzt
der **Pin|sel, die Pin|sel**

Qu/qu

das Qua|drat, die Qua|dra|te
der **Quatsch**
die **Quelle**

R/r

der **Ra|be, die Ra|ben**
die **Rau|pe, die Rau|pen**
rech|nen, sie **rech|net**
re|den, er **re|det**
der **Re|gen**
rei|sen, sie **reist**
der **Ring, die Rin|ge**
rol|len, er **rollt**
rot
ru|fen, sie **ruft**
rund

S/s

sa|gen, er **sagt**
das **Salz**
der Sams|tag, die Sams|ta|ge
der **Satz, die Sät|ze**
das **Schaf, die Scha|fe**
schei|nen, es **scheint**
die **Sche|re, die Sche|ren**
schla|fen, sie **schläft**
schmü|cken, sie schmückt
der Schnee
schnei|den, er **schnei|det**
schon
schön
schrei|ben, sie **schreibt**
die **Schu|le, die Schu|len**
schwarz
schwer
die **Schwes|ter, die Schwes|tern**
schwim|men, sie schwimmt
sehr

die **Sei|fe, die Sei|fen**
sein, er ist, wir sind
der Sep|tem|ber
sie
sie|ben, sie **siebt**
sind
sin|gen, er **singt**
sit|zen, sie **sitzt**
so
sol|len, er **soll**
der **Som|mer, die Som|mer**
die **Son|ne, die Son|nen**
der Sonn|tag, die Sonn|ta|ge
spa|ren, sie **spart**
spät
das **Spiel, die Spie|le**
spie|len, er **spielt**
spitz
der **Sport**
spre|chen, sie **spricht**
ste|hen, sie steht
der **Stein, die Stei|ne**
der **Stern, die Ster|ne**
der Stift, die Stif|te
die **Stun|de, die Stun|den**
su|chen, er **sucht**

T/t

die Ta|fel, die Ta|feln
der **Tag, die Ta|ge**
die **Tan|te, die Tan|ten**
die **Ta|sche, die Ta|schen**
der Tee
der Teig
das **Te|le|fon, die Te|le|fo|ne**

der Tel|ler, die Tel|ler
der Text, die Tex|te
das Tier, die Tie|re
der **Tisch**, **die Ti|sche**
die **To|ma|te**, **die To|ma|ten**
tra|gen, er **trägt**
der Traum, die Träu|me
träu|men, er träumt
trin|ken, sie **trinkt**
tun, er tut
tur|nen, sie **turnt**
die Tür, die Tü|ren

U/u

üben, er **übt**
über
über|le|gen, sie über|legt
die Übung, die Übun|gen
die **Uhr**, **die Uh|ren**
um
und

V/v

die **Va|se**, **die Va|sen**
der **Va|ter**, **die Vä|ter**
viel, **vie|le**
vier
der **Vo|gel**, **die Vö|gel**
voll
vom
von
vor

W/w

war|ten, sie **war|tet**
was
das **Was|ser**
der We|cker, die We|cker
der **Weg**, **die We|ge**
das Weih|nach|ten
weil
weit
wei|ter
wer
wie|der
die **Wie|se**, **die Wie|sen**
wild
der **Wind**, **die Win|de**
der **Win|ter**, **die Win|ter**
wir
wo
die **Wo|che**, **die Wo|chen**
der **Wolf**, **die Wöl|fe**
die **Wol|ke**, **die Wol|ken**
wol|len, er **will**
das **Wort**, **die Wör|ter**
wün|schen, sie **wünscht**
die **Wur|zel**, **die Wur|zeln**

Z/z

die **Zahl**, **die Zah|len**
zah|len, er **zahlt**
zäh|len, sie **zählt**
der **Zahn**, **die Zäh|ne**
zei|gen, er **zeigt**
die **Zeit**, **die Zei|ten**
die **Zie|ge**, **die Zie|gen**
zwei

Wichtige Fachbegriffe

Jo-Jo

Sprachbuch 2
Grundschule Bayern

Erarbeitet von	Isabelle Lux, Obergriesbach
Unter Einbeziehung der Ausgabe von	Frido Brunold, Susanne Mansour, Sandra Meeh, Henriette Naumann-Harms, Rita Stanzel, Monika Wolter, Martin Wörner
Unter Beratung von	Enno Hörsgen, Langerringen; Dr. Klaus Metzger, Gersthofen; Dr. Helga Rolletschek, Brunnthal; Prof. Dr. Angelika Speck-Hamdan, München
Unter Begutachtung von	Carina Hartwig, Weiden; Ulrike Barbara von Rücker, Hof; Barbara Schwanecke, Weiden; Maria Wandel, Weiden
Redaktion	Ulrike Bobzin, Miriam Heymann
Bildredaktion	Helene Schopohl
Illustrationen	Gabriela Silveira, München; Vera Schmidt, Stuttgart
Umschlagillustration	Sylvia Graupner, Annaberg-Buchholz
Layoutkonzept	Heike Börner, Berlin
Technische Umsetzung	buchetage – Ines Kalwert, Martin Walsh, Berlin

www.cornelsen.de

1. Auflage, 1. Druck 2014

Alle Drucke dieser Auflage sind inhaltlich unverändert
und können im Unterricht nebeneinander verwendet werden.

Druck: Firmengruppe APPL, aprinta Druck, Wemding

ISBN 978-3-06-083084-8